SÉRIE METODOLOGIA DO SERVIÇO SOCIAL

DIALÓGICA

EDITORA intersaberes

O selo DIALÓGICA da Editora InterSaberes faz referência às publicações que privilegiam uma linguagem na qual o autor dialoga com o leitor por meio de recursos textuais e visuais, o que torna o conteúdo muito mais dinâmico. São livros que criam um ambiente de interação com o leitor – seu universo cultural, social e de elaboração de conhecimentos –, possibilitando um real processo de interlocução para que a comunicação se efetive.

Capital, trabalho e Serviço Social (1971-1990)

Daniele Graciane de Souza
Giselle Ávila Leal de Meirelles
Silvia Maria Amorim Lima

Conselho editorial
Dr. Ivo José Both (presidente)
Drª Elena Godoy
Dr. Nelson Luís Dias
Dr. Neri dos Santos
Dr. Ulf Gregor Baranow

Editora-chefe
Lindsay Azambuja

Supervisora editorial
Ariadne Nunes Wenger

Analista editorial
Ariel Martins

Preparação de originais
Bruno Gabriel

Capa e projeto gráfico
Laís Galvão dos Santos

Dados Internacionais de Catalogação na Publicação (CIP)
(Câmara Brasileira do Livro, SP, Brasil)

Souza, Daniele Graciane de
  Capital, trabalho e Serviço Social (1971-1990)/Daniele Graciane de Souza, Giselle Ávila Leal de Meirelles, Silvia Maria Amorim Lima. Curitiba: InterSaberes, 2016.
  (Série Metodologia do Serviço Social)

  Bibliografia.
  ISBN 978-85-5972-186-7

1. Serviço social 2. Serviço social – Brasil I. Meirelles, Giselle Ávila Leal de. II. Lima, Silvia Maria Amorim. III. Título. IV. Série.

16-06537   CDD-361.3

Índices para catálogo sistemático:
1. Serviço social 361.3

1ª edição, 2016.
Foi feito o depósito legal.

Informamos que é de inteira responsabilidade das autoras a emissão de conceitos.

Nenhuma parte desta publicação poderá ser reproduzida por qualquer meio ou forma sem a prévia autorização da Editora InterSaberes.

A violação dos direitos autorais é crime estabelecido na Lei n. 9.610/1998 e punido pelo art. 184 do Código Penal.

Rua Clara Vendramin, 58 ▪ Mossunguê ▪ CEP 81200-170 ▪ Curitiba ▪ PR ▪ Brasil
Fone: (41) 2106-4170 ▪ www.intersaberes.com ▪ editora@editoraintersaberes.com.br

Sumário

Apresentação | 7
Como aproveitar ao máximo este livro | 12

1. **O método de Marx e a exploração do trabalho pelo capital | 17**
   1.1 Elementos introdutórios ao método de Marx | 19
   1.2 Categorias fundamentais para o entendimento da exploração do trabalho pelo capital | 31

2. **Ditadura militar e redemocratização: aspectos sócio-político-econômicos do capitalismo brasileiro entre 1971 e 1990 | 61**
   2.1 Governo Ernesto Geisel | 63
   2.2 Governo João Batista Figueiredo | 66
   2.3 Redemocratização brasileira | 70
   2.4 Neoliberalismo no mundo | 73
   2.5 Neoliberalismo no Brasil | 77

3. **Aspectos teórico-metodológicos do Serviço Social brasileiro entre 1971 e 1990 | 89**
   3.1 O método BH como marco para a perspectiva de intenção de ruptura no Serviço Social | 91
   3.2 Fundamentos teóricos presentes nas normativas profissionais e acadêmicas e o Congresso da Virada | 104
   3.3 Organização da categoria nos âmbitos da formação profissional e do exercício profissional | 121

4. Projeto de ruptura do Serviço Social com a tradição conservadora | 131
    4.1   Processo de intenção de ruptura do Serviço Social brasileiro | 133
    4.2   Projeto Ético-Político Profissional do Serviço Social | 145

Para concluir... | 157
Estudo de caso | 161
Referências | 165
Respostas | 173
Sobre as autoras | 185

Apresentação

Nesta obra, objetivamos disponibilizar uma leitura de fácil compreensão sobre os fundamentos históricos, teóricos e metodológicos do Serviço Social brasileiro entre os anos de 1971 e 1990. Dessa forma, esforçamo-nos para escrever este texto com uma linguagem acessível, explicando os elementos essenciais que articulam a base sócio-histórica da profissão.

O livro é destinado a estudantes e profissionais de Serviço Social e também de áreas afins que desejam obter maior aproximação com a perspectiva crítica sobre os fenômenos sociais ocorridos no decurso temporal aqui considerado.

Em nossa abordagem, contemplamos elementos do método materialista histórico-dialético que representam a concepção marxista de análise e compreensão da realidade social. Essa concepção filosófica exige uma contextualização sócio-histórica dos principais fenômenos político-econômicos que incidiram no amadurecimento do Serviço Social brasileiro nos anos em que a ditadura militar assombrou a sociedade em nosso país.

Por isso, somente após as considerações filosóficas e político-econômicas apresentadas nos capítulos iniciais é que nos debruçamos sobre a análise do Serviço Social brasileiro no período entre 1971 e 1990.

Assim, iniciamos nossa abordagem salientando que, a partir de 1970, ocorreu a ampliação do debate teórico-metodológico do Serviço Social, com vistas a um processo de renovação dos pressupostos profissionais. Buscava-se, portanto, maior aproximação com as demandas dos setores populares. O Serviço Social, que até então vinha sendo utilizado como instrumento de adequação do trabalhador às necessidades de reprodução do capital, encarava o início de um processo de ruptura com essa postura. Foi assim que surgiram questionamentos sobre as contradições sócio-econômico-políticas imanentes às relações sociais de produção capitalistas e, em paralelo, ao conservadorismo persistente no projeto profissional. Tais questionamentos se desdobraram, paulatinamente, na construção coletiva de bases teórico-metodológicas pautadas pela perspectiva crítica marxista, as quais vão incorporar o projeto hegemônico do Serviço Social brasileiro a partir da década de 1990.

Como destacamos no decorrer da obra, a década de 1980 foi muito emblemática para o Serviço Social, pois, nesse período, o movimento estudantil e a categoria profissional vivenciaram o amadurecimento teórico-metodológico que consolidou as novas bases de legitimação profissional pautadas pela perspectiva marxista. Ademais, outros avanços ocorridos na sociedade brasileira naquela década impulsionaram o desenvolvimento profissional, como a redemocratização iniciada em 1985 e a promulgação da Constituição Federal de 1988, denominada de *Constituição Cidadã*. Ela ficou assim conhecida por ter sido elaborada com a ampla participação de movimentos sociais e ter representado significativos avanços em aspectos relevantes para o Serviço Social brasileiro, sobretudo no tocante à seguridade social.

Para a elaboração deste livro, organizamos os capítulos de uma maneira que o leitor possa acompanhar, de modo lógico, o processo de construção do Projeto Ético-Político do Serviço Social com base no materialismo histórico-dialético.

Desse modo, no Capítulo 1, apresentamos as categorias introdutórias do método marxista, inspirando-nos, principalmente, nos trabalhos do professor José Paulo Netto. Nesse estudo, procuramos capturar o essencial da obra do autor, ainda que de forma bastante introdutória, pois isso possibilita o conhecimento e a compreensão das categorias fundamentais do pensamento marxista. É importante termos em mente que não somente o referido professor como também inúmeros assistentes sociais e mesmo outros profissionais estudiosos de Marx possibilitaram os avanços teórico-metodológicos que consolidaram o processo de renovação do Serviço Social naquele período sócio-histórico, o que teve grande relevância para o amadurecimento da profissão.

Ainda no mesmo capítulo, trilhamos as noções fundamentais da crítica à economia política, também relevante para o entendimento da teoria de Marx e para a compreensão dessa perspectiva no Serviço Social. Entendemos ser por meio da crítica à economia política e do aprofundamento sobre o modo de produção capitalista que se encontram os subsídios necessários para a compreensão da exploração do trabalho pelo capital e, portanto, da "questão social" brasileira.

Chegamos, então, ao Capítulo 2, no qual apresentamos a história do capitalismo brasileiro no período estudado neste livro, que abrange a fase da ditadura militar de 1970 a 1985 e a posterior abertura política, quando se iniciou o movimento de redemocratização no país. Dessa forma, descrevemos brevemente as posturas políticas e econômicas dos governos militares e os desdobramentos de suas decisões diante do cenário da crise econômica mundial dos anos de 1974 e 1975. Abordamos também aspectos sócio-econômico-políticos do início da redemocratização brasileira até a emergência do denominado *neoliberalismo* a partir do governo Fernando Collor de Mello.

No Capítulo 3, tratamos das discussões teóricas e metodológicas que estiveram presentes no campo acadêmico e profissional do Serviço Social nas décadas de 1970 e 1980. Assim, discorremos sobre o método BH, o qual, apesar de não ter sido hegemônico, foi uma experiência relevante para despertar a categoria de assistentes sociais. Podemos afirmar que ele representou o momento de percepção de que existia outro arcabouço teórico que possibilitaria a ruptura com o tradicional.

Também no Capítulo 3 apresentamos um dos marcos para o desenvolvimento da profissão, que foi o III Congresso Brasileiro de Assistentes Sociais, conhecido como *Congresso da Virada*. Nesse ponto, comentamos outros aspectos do desenvolvimento profissional dos assistentes sociais que têm ligação com a fundamentação ético-política da categoria. São os Códigos de Ética Profissional de 1975 e 1986, bem como todo o processo de elaboração do currículo mínimo de 1982 e alguns aspectos da formação organizativa da categoria.

Mas os aspectos teórico-metodológicos do Serviço Social não se encerram no terceiro capítulo. No Capítulo 4, trazemos a discussão acerca do projeto de ruptura do Serviço Social, abordando, ainda, seus aspectos teórico-metodológicos, sobretudo pelo esforço de rompimento com a tradição conservadora. No decorrer do capítulo, mostramos que o período representou o crescimento das produções acadêmicas e foi marcado pelas reflexões produzidas por Iamamoto e Carvalho (1982), que foram determinantes na construção de um projeto de renovação do Serviço Social brasileiro.

Para melhor entendimento desse processo, fazemos um breve resgate do Movimento de Reconceituação do Serviço Social brasileiro, que teve seu início na década de 1960. Essa retomada histórica busca facilitar a compreensão do processo de renovação do Serviço Social, que, ao incorporar a perspectiva crítico-dialética em seus pressupostos teórico-metodológicos, viu-se diante da exigência estrutural de renovar também seu projeto ético-político de maneira a torná-lo mais crítico e comprometido com a ampliação dos direitos de cidadania da classe trabalhadora, o que ocorreria somente na década de 1990, tendo como contexto a redemocratização iniciada em 1985.

Com isso, o leitor pode confirmar que esta obra se relaciona com todas as áreas que pretendam aprofundar seus conhecimentos sobre a realidade social numa perspectiva crítica. Os conteúdos aqui analisados permitem a superação da visão fragmentadora e assistencialista do positivismo clássico em direção a uma visão de totalidade das relações sociais de produção capitalista. Esperamos que, com isso, a obra possibilite a reflexão sobre o tema e inspire novos estudos.

Boa leitura!

Como aproveitar ao máximo este livro

Este livro traz alguns recursos que visam enriquecer seu aprendizado, facilitar a compreensão dos conteúdos e tornar a leitura mais dinâmica. São ferramentas projetadas de acordo com a natureza dos temas que vamos examinar. Veja a seguir como esses recursos se encontram distribuídos no decorrer desta obra.

Conteúdos do capítulo:
- Elementos introdutórios ao método de Marx.
- Categorias da crítica à economia política presentes na obra marxista.
- Articulação entre a crítica à economia política e o Serviço Social.
- Elementos fundamentais da exploração do trabalho pelo capital.
- Expressões clássicas da "questão social", como desigualdade social e pobreza.

Após o estudo deste capítulo, você será capaz de:
1. compreender os elementos básicos do método de Marx;
2. entender as categorias da totalidade, da mediação e da contradição;
3. compreender o que é exploração do trabalho pelo capital com base no conceito de mais-valia;
4. compreender a diferença entre reprodução simples e reprodução ampliada do capital;
5. entender a Lei da Queda Tendencial da Taxa de Lucro;
6. entender a Lei Geral da Acumulação Capitalista e o exército de reserva.

Conteúdos do capítulo:

Logo na abertura do capítulo, você fica conhecendo os conteúdos que nele serão abordados.

Após o estudo deste capítulo, você será capaz de:

Você também é informado a respeito das competências que irá desenvolver e dos conhecimentos que irá adquirir com o estudo do capítulo.

Questões para reflexão (I)

1. Quais foram os principais aspectos da fase de transição do regime militar para a redemocratização no Brasil?
   Dica: lembre-se do esgotamento do "milagre econômico".
2. Quais foram as principais leis implantadas no período entre 1971 e 1990 que favoreceram os trabalhadores?
   Dica: considere a sistematização elaborada por Siqueira Neto (1992).

2.4 Neoliberalismo no mundo

Para elucidarmos o que é neoliberalismo e sua influência para o Serviço Social brasileiro, recorremos à historiografia apresentada por Perry Anderson, segundo o qual "O neoliberalismo nasceu logo depois da II Guerra Mundial, na região da Europa e da América do Norte, onde imperava o capitalismo. Foi uma reação teórica e política veemente contra o Estado intervencionista e de bem-estar [social]" (Anderson, 1995, p. 9). Ou seja, conforme o pensamento do autor, trata-se de uma perspectiva **antikeynesiana** que entende a regulamentação e a intervenção estatal como aspectos limitadores do crescimento econômico e da expansão da acumulação capitalista. O texto de origem da proposta neoliberal é *O caminho da servidão*, escrito em 1944 por Friedrich Hayek. Sua tese reflete os temores diante da ascensão das teorias keynesianas, que o autor acreditava estarem enfraquecendo as forças do mercado capitalista mundial, sobretudo inglesas e americanas. A ideia central era que o Estado de bem-estar, ao regulamentar e intervir nas relações econômicas, adotava práticas próximas demais às do socialismo, o que, para ele, colocaria a sociedade capitalista em um caminho de servidão moderna, tendo em vista que o socialismo enfraquecia a vitalidade da concorrência.

Questões para reflexão

Nesta seção, a proposta é levá-lo a refletir criticamente sobre alguns assuntos e trocar ideias e experiências com seus pares.

Questões para reflexão (IV)

1. O que você entendeu sobre a Lei da Queda Tendencial da Taxa de Lucro?
   Dica: lembre-se da concorrência entre os capitalistas.
2. O que você entendeu sobre a Lei Geral da Acumulação Capitalista?
   Dica: lembre-se de que a acumulação e a concentração de capital promovem a pauperização da classe trabalhadora.

Síntese

Iniciamos este capítulo explicando alguns elementos do método de Marx. Apresentamos o processo de construção do conhecimento com base em uma realidade concreta e na "viagem de volta", ou "viagem de modo inverso", que representam o movimento de elevação do abstrato ao concreto. Vimos também as três principais categorias do método marxista: totalidade, mediação e contradição.
Posteriormente, analisamos a exploração do trabalho pelo capital por meio da expropriação da mais-valia por parte do capitalista, indicando que a mais-valia absoluta pode ser resumida como o processo de ampliação da jornada de trabalho e a mais-valia relativa, como a redução do trabalho necessário.
Observamos que a valorização do capital passa por movimentos de rotação (ou giro) do capital, que correspondem ao momento de início da produção até o momento de consumo. O movimento de rotação diz respeito ao processo de troca de mercadorias em toda a sua amplitude, o que possibilita, de fato, a acumulação progressiva de capital.
Vimos também que a reprodução (acumulação) do capital pode ocorrer de forma simples ou ampliada. A simples nos remete às formas mais "básicas" de circulação de mercadorias, tornando-se a característica exemplar do processo mercantil existente na acumulação primitiva de capital. É representada pela fórmula M-D-M.

Síntese

Você dispõe, ao final do capítulo, de uma síntese que traz os principais conceitos nele abordados.

Para saber mais

Você pode consultar as obras indicadas nesta seção para aprofundar sua aprendizagem.

Para saber mais

NETTO, J. P. **Ditadura e serviço social**: uma análise do serviço social no Brasil pós-64. 17. ed. São Paulo: Cortez, 2015.

Por meio da conjugação entre história, política e cultura, o autor traça uma linha do tempo dos caminhos percorridos pelo Serviço Social brasileiro e identifica a relação entre a ditadura militar e o processo de renovação profissional. Ademais, traz uma elaboração consistente de como a teorização do Serviço Social se relaciona com a cultura e a sociedade brasileiras.

IAMAMOTO, M. V.; CARVALHO, R. de. **Relações sociais e serviço social no Brasil**: esboço de uma interpretação histórico-metodológica. São Paulo: Cortez, 1982.

Nesse livro, Iamamoto e Carvalho apresentam uma contribuição importante para o conhecimento das relações de classe no Brasil. É um trabalho cuja relevância pauta-se por aspectos históricos e teóricos. A importância também está na aproximação entre a história do Serviço Social e a história da sociedade brasileira. Assim, o livro busca contextualizar as relações sociais presentes na sociedade e que são fontes de estudos desses pesquisadores sociais.

BARBOSA, M. M. Serviço social utopia e realidade: uma visão da história. **Revista Caderno Serviço Social**, Belo Horizonte, v. 2, n. 2, p. 25-71, out. 1997. Disponível em: <http://www.pucminas.br/graduacao/cursos/arquivos/ARE_ARQ_REVIS_ELETR20071101163758.pdf>. Acesso em: 8 jun. 2016.

Trata-se de um artigo sobre um estudo focalizado na Escola de Serviço Social de Belo Horizonte, atualmente PUC Minas, e tem por objetivo compreender a crise de identidade que o Serviço Social mineiro viveu na segunda metade da década de 1970. A publicação destaca importantes marcos para a profissão, como o Movimento de Reconceituação e o método BH, buscando sempre a contextualização com o período político e econômico vivido pela sociedade brasileira à época.

Questões para revisão

1. Ao compreender a profissão como um fenômeno histórico e a necessidade de ruptura com a herança conservadora e ao posicionar-se objetivamente a serviço dos interesses da classe subalternizada, o Serviço Social elaborou um novo currículo em 1982. Sobre as linhas norteadoras do novo currículo, assinale V (verdadeiro) ou F (falso):
   ( ) Desenvolvimento de uma visão global da sociedade com base em seu entendimento histórico-estrutural, capacitando-se os alunos para a elaboração de um instrumental capaz de problematizar a realidade.
   ( ) Rompimento com o pragmatismo, por meio da participação do Serviço Social na produção de conhecimentos sobre a totalidade social, sendo este o instrumento de sua ação profissional.
   ( ) Realização de análise institucional, centrada no desvelamento da correlação de forças existentes nas instituições em que o assistente social atua, no sentido de apaziguar as relações entre usuário e instituição.
   ( ) Entendimento acerca da teoria e da prática como separadas ideologicamente.
   Assinale a alternativa correta:
   a) F, V, V, F.
   b) V, V, F, F.
   c) V, F, F, V.
   d) F, V, F, F.

2. Na busca por superar a concepção neotomista presente nos códigos anteriores, que apresentavam uma visão universalista e abstrata, a categoria do Serviço Social preocupou-se em explicitar, no Código de Ética Profissional de 1986, seu compromisso político. Sabemos que isso confirmou o momento vivenciado pelo contexto da vertente de ruptura na profissão, mas qual foi o principal compromisso assumido nesse código?
   a) Compromisso com a pessoa, tratando-se o indivíduo como um caso a ser analisado.
   b) Compromisso com a classe trabalhadora, que faz parte do projeto profissional que está ligado a um projeto societário.

Questões para revisão

Com estas atividades, você tem a possibilidade de rever os principais conceitos analisados. Ao final do livro, as autoras disponibilizam as respostas às questões, a fim de que você possa verificar como está sua aprendizagem.

Estudo de caso

Estudo de caso

Esta seção traz ao seu conhecimento situações que vão aproximar os conteúdos estudados de sua prática profissional.

Texto-base 1

Começaríamos tudo outra vez, se preciso fosse

Histórias, emoções, manifestações, reafirmação do Projeto Ético-Político do Serviço Social e fortalecimento das lutas sociais: houve espaço para tudo isso e muito mais no Seminário de Comemoração dos 30 Anos do Congresso da Virada, realizado no Centro de Convenções do Anhembi, em São Paulo, nos dias 16 e 17 de novembro de 2009, pelo CFESS, CRESS-SP, ABEPSS e ENESSO.

O cenário é exatamente o mesmo em que aconteceu aquele histórico III CBAS, há 30 anos: um Anhembi lotado e fervoroso. Até mesmo o céu de São Paulo, usualmente cinza, se abriu com o calor daquele auditório, que pela segunda vez, foi ocupado por assistentes sociais e estudantes de Serviço Social de todo o país. "Há três

CAPÍTULO 1

O método de Marx e a exploração do trabalho pelo capital

Conteúdos do capítulo:

- Elementos introdutórios ao método de Marx.
- Categorias da crítica à economia política presentes na obra marxista.
- Articulação entre a crítica à economia política e o Serviço Social.
- Elementos fundamentais da exploração do trabalho pelo capital.
- Expressões clássicas da "questão social", como desigualdade social e pobreza.

Após o estudo deste capítulo, você será capaz de:

1. compreender os elementos básicos do método de Marx;
2. entender as categorias da totalidade, da mediação e da contradição;
3. compreender o que é exploração do trabalho pelo capital com base no conceito de mais-valia;
4. compreender a diferença entre reprodução simples e reprodução ampliada do capital;
5. entender a Lei da Queda Tendencial da Taxa de Lucro;
6. entender a Lei Geral da Acumulação Capitalista e o exército de reserva.

O entendimento do método de Marx é de fundamental importância para o profissional de Serviço Social, uma vez que seu posicionamento diante das manifestações do que é chamado "questão social" depende, em grande parte, de uma compreensão filosófica sobre sua práxis profissional.

O Projeto Ético-Político do Serviço Social indica o materialismo histórico-dialético, ou o método de Marx, como a corrente hegemônica de sustentação ideopolítica da profissão. Assim, iniciamos este livro com a apresentação do método de Marx. O intuito é propiciar ao leitor um conhecimento introdutório do método, indispensável à formação profissional em Serviço Social.

1.1 Elementos introdutórios ao método de Marx

Autor de importantes obras na área de Serviço Social, o professor doutor José Paulo Netto publicou, em 2011, uma versão revisada e simplificada de seu ensaio *Introdução ao método da teoria social*[1]. Essa versão revisada recebeu o título *Introdução ao estudo do método de Marx* (Netto, 2011) e será utilizada no início deste capítulo para iluminar algumas das categorias fundamentais do método marxista. A publicação em questão, em sua versão de livro de bolso, foi elaborada especificamente para estudantes que iniciam sua vida acadêmica nas ciências sociais, graduados e pós-graduados que desejem ampliar seus conhecimentos sobre a instigante questão do método em Marx e trabalhadores e militantes sociais interessados na temática. É justamente isso que permite sua divulgação desde os anos iniciais de cursos de Serviço Social.

---
1 Preparado originalmente para o livro *Serviço social: direitos sociais e competências profissionais* (CFESS; Abepss, 2009).

Partimos do pressuposto de que o método é o caminho intelectivo traçado para a construção da práxis e é pautado pela visão de mundo de qualquer pesquisador. Assim, a discussão que apresentamos a seguir tem um caráter apenas introdutório em face da totalidade do instigante **método histórico-dialético de Marx**.

Inicialmente, é importante esclarecermos que, entre os estudiosos sobre a teoria social, existe certa unanimidade na afirmação de que o método é um dos problemas centrais de estudos analíticos. No caso da teoria social crítica de Marx, o problema não é apenas de natureza teórica e/ou filosófica, mas também ideopolítica, na medida em que, em consequência de sua intrínseca ligação com um projeto revolucionário, ao longo dos séculos XIX e XX, aqueles que optaram por seguir a ideologia marxista foram duramente perseguidos e até mesmo assassinados.

Além da dificuldade ideopolítica, existem também alguns equívocos a que a obra de Marx foi submetida, principalmente pela influência de alguns pensadores que, por ocasião da Segunda Internacional[2], polemizaram os principais fundamentos da teoria marxista, dando-lhe um tom positivista, de forma a obscurecer os eixos fundamentais do método.

Por isso, Netto (2011, p. 12) analisa que as influências positivistas na interpretação do método de Marx:

> não foram superadas – antes se viram agravadas, inclusive com incidências neopositivistas – no desenvolvimento ideológico ulterior da Terceira Internacional (organização comunista que existiu entre 1919 e 1943), culminando na ideologia stalinista. Delas resultou uma representação simplista da obra marxiana: uma espécie de saber total, articulado sobre uma teoria geral do ser (o **materialismo dialético**) e sua especificação em face da sociedade (o **materialismo histórico**). [grifo do original]

|||||||||||||||||||||||||

2   A Segunda Internacional foi uma organização socialista, de âmbito internacional, fundada em 1889 e atuante até 1914, quando foi dissolvida, em virtude da Primeira Guerra Mundial. Posteriormente, em 1919, instalou-se a Terceira Internacional. Para aprofundamento da temática vide o livro *Partido e Revolução: 1848-1989*, de Marcelo Braz.

Dessa "má-formação" do entendimento do método desdobraram-se, ainda, algumas concepções de acordo com os quais Marx situou a **questão econômica** como sendo determinante nas relações sociais. Esse ponto de vista reducionista não representa o pensamento marxista. Netto (2011, p. 14) esclarece que Marx e Engels sempre sustentaram a tese segundo a qual "a **produção e a reprodução da vida real apenas em última instância** determinavam a história" [grifo do original]. As palavras originais dos autores deixam clara a concepção materialista histórico-dialética que pauta o método marxista, quando afirmam:

> nossa [de Marx e dele] [de Engels] concepção da história é, **sobretudo, um guia para o estudo** [...]. **É necessário voltar a estudar toda a história, devem examinar-se em todos os detalhes as condições de existência das diversas formações sociais** antes de procurar deduzir delas as ideias políticas, jurídicas, estéticas, filosóficas, religiosas etc. que lhes correspondem. (Marx; Engels, 2010, p. 107, citados por Netto, 2011, p. 13, grifo do original)

Observamos, portanto, que acreditar que o aspecto econômico das relações sociais seria determinante na vida social é uma distorção interpretativa do método de Marx. Na verdade, Marx apontou a **totalidade** como categoria determinante para alcançar a essência dos fenômenos. Nesse sentido, o aspecto econômico tem uma importância fundamental, mas não é suficiente (somente em última instância) para explicar os fenômenos sociais. Vamos analisar melhor o conceito de totalidade adiante neste livro.

É de conhecimento geral que as análises de Marx visaram, sobretudo, a compreender a emergência e as contradições da sociedade burguesa, sua estrutura e sua dinâmica, sob a égide da economia política capitalista, culminando no monumental *O capital: crítica à economia política*. Ressaltamos que o autor foi fortemente influenciado pela filosofia alemã, pela economia política inglesa e pelo socialismo francês.

Assim, para a elaboração da *Crítica à economia política*, seus estudos concentraram-se nas teorias dos economistas clássicos, sobretudo Adam Smith e David Ricardo. Além disso, o avanço de suas teses encontra-se justamente nas lacunas explicativas deixadas pelos economistas que o antecederam.

Aqui, é oportuno explicarmos o termo *crítica*, bastante utilizado no método de Marx. *Crítica*, para o autor de *O capital*, não se refere a um juízo de valor pessoal ou a um simples contraponto. Na concepção de Marx, o termo se refere ao conhecimento dos fundamentos, da raiz dos fenômenos para poder compreendê-los em sua essência. Dessa maneira, quando se realiza uma **crítica radical**, quando se constrói um conhecimento a partir de sua raiz, está se buscando a origem dos fenômenos sociais, fenômenos estes que, para o Serviço Social contemporâneo, podem equivaler às expressões da "questão social". Vale lembrar que, em uma perspectiva crítico-dialética, a raiz, ou seja, a origem da "questão social" encontra-se na exploração do trabalho pelo capital e em outras determinações contraditórias do modo de produção capitalista. Alguns exemplos podem ser tomados na centralização e na concentração de renda e de propriedade, na luta de classes e na existência do exército de reserva.

Vamos, agora, refletir a respeito da **teoria**, do **método** e da **pesquisa** referentes ao pensamento marxista. De acordo com as interpretações de Netto (2011), a teoria para Marx não se reduz ao detalhamento e a modelos explicativos de determinado objeto de estudo, tampouco à elaboração de hipóteses de causa/efeito, como ocorre na corrente positivista.

Conforme Netto, para Marx,

> a teoria é uma modalidade peculiar de conhecimento, entre outras (como, por exemplo, a arte, o conhecimento prático da vida cotidiana, o conhecimento mágico-religioso). Mas a teoria se distingue de todas essas modalidades e tem especificidades: o conhecimento teórico é **o conhecimento do objeto – de sua estrutura e dinâmica – tal como ele é em si mesmo**, na sua existência real e efetiva, independentemente dos desejos, das aspirações e das representações do pesquisador. (Netto, 2011, p. 20, grifo do original)

O movimento de **construção do conhecimento** passa pela compreensão ideal (pensamento) daquilo que é observado na realidade (objeto de estudo). Netto (2011 p. 21, grifo do original) explica que Marx denomina isso de **"a reprodução ideal do movimento real do objeto**

pelo sujeito que pesquisa". Certamente, a reprodução do real à qual o autor se refere deve ser a mais fiel possível, ou seja, sem inserções "fantasiosas" ou "mágicas" por parte do pesquisador. Por *reprodução ideal* devemos entender, sinteticamente, "o material transposto para a cabeça do ser humano e por ele interpretado" (Marx, 1984, p. 16). O **conhecimento teórico**, portanto, é a apreensão da dinâmica real do objeto. O objeto de pesquisa, para Marx, é a gênese, a consolidação e o desenvolvimento da crise da sociedade burguesa, estabelecida no modo de produção capitalista. "Uma teoria social da sociedade burguesa, portanto, **tem** que possuir como fundamento a análise teórica da produção das condições materiais da vida social" (Netto, 2011, p. 40, grifo do original). Isso acontece porque, como afirma Marx (2003, p. 5),

> a anatomia da sociedade civil precisa ser procurada na economia política. [...] [pois] na produção social da sua vida, os homens contraem determinadas relações necessárias e independentes de sua vontade, relações de produção que correspondem a uma determinada fase de desenvolvimento das suas forças produtivas materiais. O conjunto dessas relações de produção forma a estrutura econômica da sociedade, a base real sobre a qual se levanta a superestrutura jurídica e política e à qual correspondem determinadas formas de consciência social.

Dessa forma, a existência do objeto é real e concreta, não dependendo de outros elementos para existir. E, diante desse objeto, existem dois níveis de apropriação do conhecimento: a **aparência** e a **essência**. A aparência se refere ao imediato, ou seja, à primeira percepção que se tem de uma realidade concreta. Por meio de mediações, é possível sair da aparência e alcançar a essência dos fenômenos sociais. Observe que a aparência, ou o imediato, representa um nível da realidade que não deve ser desprezado, uma vez que revela algum sentido do real, concernente a uma concepção ainda superficial da realidade. Assim, são as mediações que nos permitem alcançar a essência, que, para Marx, se refere à busca da totalidade do fenômeno, isto é, "da estrutura e da dinâmica de determinado fenômeno social" (Netto, 2011, p. 25).

Portanto, o método com o qual Marx trabalha implica a necessidade de ultrapassar o imediatismo do objeto real, partindo de sua aparência e indo além de sua superficialidade, por meio de aproximações sucessivas, em direção à sua essência, numa relação em que o sujeito e o objeto são indissociáveis.

Isso significa que, no método marxista, a **teoria** é a reprodução do movimento real do objeto no plano do pensamento, mas, de forma alguma, a teoria representa um retrato dela mesma, uma vez que é dinâmica. Explicando melhor: para que a teoria conserve a característica de reproduzir o movimento e o dinamismo, o sujeito como partícipe fundamental no processo de pesquisa precisa exercer seu papel ativo de pesquisador. Nesse sentido, Netto (2011, p. 23) explica que a relação entre o pesquisador e seu objeto "é uma relação em que o sujeito está implicado no objeto", ou seja, "o sujeito deve ser capaz de mobilizar um máximo de conhecimentos, criticá-los, revisá-los e deve ser dotado de criatividade e imaginação" (Netto, 2011, p. 25).

No livro *A ideologia alemã*, escrito entre 1845 e 1846 (e publicado em 1932), Marx e Engels elaboraram a primeira formulação mais precisa dos seus pensamentos. Segundo Netto (2011), é nesse momento que os autores esclarecem que suas análises partem da realidade concreta, de sujeitos concretos com materialidade de vida, e não daquilo que permanece no nível do pensamento, do imaginário ou da representação. O materialismo histórico-dialético justifica-se na medida em que analisa a sociedade burguesa em sua realidade histórica e material. De acordo com essa realidade, o ser social é fruto do trabalho, e a concepção de mundo perpassa a ideia de movimento, de dinamismo, de processo.

O **método** em Marx, portanto, "não resulta de operações repentinas, de intuições geniais ou de inspirações iluminadas" (Netto, 2011, p. 28). Trata-se de um método que prevê a indissociabilidade entre a teoria e a materialidade da vida social, configurando a práxis social ou profissional. É impossível analisar o método sem uma referência teórica e sem uma visão de homem como ser social, sendo este a base estruturante do gênero humano. Sobre o ser social, Netto (2011, p. 31, grifo do original) explica:

> **o ser social** – e a sociabilidade humana resulta elementarmente do **trabalho**, que constituirá o modelo de **práxis** – **é um processo, movimento** que se dinamiza por **contradições**, cuja superação o conduz a

patamares de crescente complexidade, nos quais novas **contradições** impulsionam a outras superações.

Portanto, o conhecimento da realidade social é um **processo infinito** e não se esgota na superação de contradições pontuais. A realidade é dialética e produz inúmeras contradições que exigem mediações sucessivas em busca da transformação social. Nas palavras de Marx e Engels (1979, p. 195),

> a grande ideia fundamental [é a] de que não se pode conceber o mundo como um conjunto de coisas acabadas, mas como um conjunto de processos, em que as coisas que aparecem estáveis, da mesma forma que seus reflexos no cérebro do homem, isto é, os conceitos, passam por uma série ininterrupta de transformações.

Netto (2011) lembra também a descoberta de Marx de que, para compreender a sociedade burguesa, é necessário compreender o modo pelo qual ela produz a riqueza material. Ou seja, para entender as contradições de uma sociedade, é preciso analisar o processo produtivo, que, quando visto em sua totalidade, incorpora dialeticamente a produção, a circulação, a distribuição e o consumo de mercadorias. Isto é, "Uma teoria social da sociedade burguesa [...] tem que possuir como fundamento a análise teórica da produção das condições materiais da vida social" (Netto, 2011, p. 40). Por isso, para assistentes sociais, torna-se tão importante entender as relações sociais e as categorias explicativas do modo de produção capitalista.

Para citarmos um exemplo, vamos tomar a própria experiência de Marx como pesquisador e militante político. Em razão do acúmulo adquirido sobre a história das organizações socioeconômicas, ele partiu do pressuposto de que "as relações sociais de produção burguesas são a última forma contraditória do processo de produção social e também a mais desenvolvida" (Marx, 2003, p. 6). A partir de então, o autor de *O capital* busca a compreensão da sociedade burguesa (capitalista) em sua totalidade, o que não se refere somente aos aspectos econômicos das relações capitalistas, mas também às relações políticas, sociais e culturais inerentes a esse modo de produção. Em seus estudos, ele procurou aprofundar o entendimento acerca das formas de produção da riqueza socialmente produzida e do modo como é distribuída entre as classes sociais. Esse estudo se deve ao fato de que "A questão da riqueza material – ou, mais exatamente, das condições materiais da vida social –, porém, não envolve apenas a produção, mas articula ainda a distribuição, a troca (e a circulação, que é a troca considerada em sua totalidade) e o consumo" (Netto, 2011, p. 39).

Desse ponto de partida, que representa o objeto de estudo de Marx e, portanto, se refere a uma dimensão concreta da realidade, ele procura alcançar a totalidade dos fenômenos considerando abstrações que se colocam em forma de mediações intelectivas. Aqui, é importante explicar que "A abstração é a capacidade intelectiva que permite extrair da sua contextualidade determinada (de uma totalidade) um elemento, isolá-lo, examiná-lo; é um procedimento intelectual sem o qual a análise é inviável [...]" (Netto, 2011, p. 44).

Mas a abstração não é suficiente para alcançar a essência das relações sociais. É preciso fazer o que Marx denominou "a viagem de volta", ou "a viagem de modo inverso", e retornar ao concreto para conhecer as múltiplas determinações que compõem o objeto estudado. Note que, com a "viagem de volta", aquele concreto que inicialmente era aparente, imediato, depois de passar pelo processo de abstração, configura um **concreto pensado** e, portanto, um conhecimento mais ampliado. Isso ocorre pois são compostas determinações "novas", construídas no processo de abstração. Ou seja, o concreto é síntese de múltiplas determinações porque passou pelo processo de abstração e foi ressignificado pelo pensamento. Por *determinações* entendamos aquilo que é próprio da realidade social, independentemente da vontade dos sujeitos.

O movimento do "concreto para alcançar o abstrato e o retorno ao concreto" é o eixo estruturante do método de Marx. Pontes (2007, p. 73) esclarece que

> Esse processo dialético de conhecimento obedece ao movimento que ascende do abstrato (real caótico) representação caótica do real ao concreto (real pensado), combinando representações ideais com observações empíricas. Os experimentos ideais (representações) referem-se ao movimento que a razão opera para apreender reflexivamente o movimento das categorias histórico-sociais, desentranhando-as de sua forma imediata de aparecer no pensamento como fatos isolados. Dos experimentos

ideais, retorna-se às observações empíricas, ou seja, ao contato com os dados do real, aonde se iniciou todo o processo. Nesse movimento, a razão vai capturando (sempre por abstração e aproximativamente) as determinações e desocultando os sistemas de mediações que dão sentido histórico-social e inteligibilidade aos fenômenos sociais objeto de estudo.

Observe que a "viagem de volta" não representa apenas um movimento pontual, afinal, isso tornaria o método estático e positivista. O método de Marx é crítico e histórico-dialético, exigindo, justamente por isso, infinitos movimentos que relacionam o concreto com o abstrato. Em outras palavras:

> começa-se "pelo real e pelo concreto", que aparecem como **dados**; pela análise, um e outro elementos são abstraídos e, progressivamente, com o avanço da análise, chega-se a [...] determinações as mais simples. [...] depois de alcançar aquelas "determinações mais simples', "teríamos que voltar a fazer a viagem de modo inverso, até dar de novo com a população [objeto de estudo] [...], mas desta vez não como uma representação caótica de um todo, porém como uma rica totalidade de determinações e relações diversas." É esta "viagem de volta" que caracteriza, segundo Marx, o método adequado para a elaboração teórica. (Netto, 2011, p. 42-43, grifo do original)

Esse processo abrange as dimensões singular (imediato), particular e universal, sendo esta última a dimensão que exprime as múltiplas determinações do objeto. Lembre-se: **é um processo e, por isso, é contínuo e permanente**. Desse modo, o conhecimento também é contínuo, permanente e infinito, pois a elevação do concreto ao abstrato e o retorno ao concreto representam o processo de busca da essência do objeto, o que nos permite conhecer com mais profundidade os fenômenos sociais.

É certo que o processo em questão exige um esforço intelectual muito grande, na medida em que o pesquisador tem de refletir exaustivamente (processo reflexivo) sobre as particularidades de seu objeto de estudo que vão se desvelando ao longo do caminho. Esse desvelamento ocorre com a construção de **categorias explicativas** da realidade social em estudo.

Nesse panorama, entendemos por *categorias* as expressões da realidade concreta que compõem o objeto de estudo. O professor Otávio

Ianni, em aula ministrada na disciplina de Sociologia do curso de pós-graduação em Ciências Sociais da Pontifícia Universidade Católica de São Paulo, no primeiro semestre de 1985, explicou que

> A construção da categoria é, a meu ver, um desfecho, é a síntese da proposta de Marx, isto é, como se explica cientificamente um acontecimento, como se constrói a explicação. Na medida em que a explicação se sintetiza na categoria que poderíamos traduzir em "conceito", numa lei, então a construção da categoria é por assim dizer, o núcleo, o desfecho da reflexão dialética; explicar dialeticamente e construir a categoria ou as categorias que resultam da reflexão sobre o acontecimento que está sendo pesquisado. Essa proposta implica em que o pesquisador se coloque diante do fato, sempre interrogando o fato sobre todos os aspectos, sobre todas as perspectivas. E, como já foi dito várias vezes, partindo do reconhecimento, não é uma presunção, a priori, mas do reconhecimento, de que o fato não se dá a conhecer imediatamente. A realidade é complexa, é heterogênea, é contraditória; apresenta diversas facetas, diversas peculiaridades. Se revela sobre diferentes partes. A reflexão deve observar, deve examinar essa realidade, o fato, o acontecimento que está em questão e tratar de basear a compreensão global, que implica em compreender o fato como um todo que seja vivo, não como um todo que está dissecado numa anatomia, numa fotografia, [...] a categoria que se constrói é o resultado de uma reflexão obstinada, que interroga o real reiteradamente. E que desvenda do real aquilo que não está dado, não é imediatamente verificado. (Ianni, 2001, p. 397-398).

Netto (2011, p. 46) complementa a explicação anterior, quando afirma que as categorias

> são objetivas, reais (pertencem à ordem do ser – são categorais **ontológicas**); mediante procedimentos intelectivos (basicamente, mediante a abstração), o pesquisador as reproduz teoricamente (e, assim, também pertencem à ordem do pensamento – são **reflexivas**). Por isto mesmo, tanto real quanto teoricamente, as categorias são **históricas** e **transitórias**: as categorias próprias da sociedade burguesa só têm validez plena no seu marco (um exemplo: trabalho assalariado). [grifo do original]

A breve apresentação do método de Marx que vimos até aqui indica três categorias fundamentais que o configuram: **totalidade**, **contradição** e **mediação**. Trata-se de uma unidade na diversidade, ou seja, são categorias indissociáveis, pois compõem a essência do método.

A **totalidade** é complexa e compreende a síntese de múltiplas determinações. Para Marx, ela é a sociedade burguesa e sua explicação exige mediações que abrangem outras totalidades de menor complexidade que possibilitem decifrar suas contradições. Ou, como salienta Netto (2011, p. 56, grifo nosso), a totalidade "não é um 'todo' constituído por 'partes' funcionalmente integradas. [...] Nenhuma dessas totalidades é 'simples' – o que as distingue é o seu grau de complexidade (**o que Lukács[3] denominou de um complexo de complexos)**".

É importante esclarecer que o termo *totalidade* não se refere ao conhecimento de todas as manifestações de um objeto de estudo, mas ao conhecimento da "realidade como um todo estruturado, dialético, no qual ou do qual um fato qualquer (classes de fatos, conjunto de fatos) pode vir a ser racionalmente compreendido" (Kosik, 1976, p. 44).

Desse modo, o objetivo de uma pesquisa social é alcançar a totalidade das relações sociais. Isso somente é possível com sucessivas aproximações, ou mediações, ou um "**sistema de mediações** (internas e externas) que articulam as totalidades [...]" (Netto, 2011, p. 57, grifo do original). Busca-se a compreensão cada vez mais próxima do essencial sobre as relações sociais de produção capitalista e suas contradições imanentes.

Pontes (2007), autor do livro *Mediação e serviço social*, sustenta que a **mediação** se constitui por processos concretos que partem do imediato até alcançar o essencial, ou seja, partem do singular em direção ao universal por um processo de mediatização. Ele esclarece que a "categoria de mediação não é uma estrutura nascida nas 'maquinações do intelecto', mas, de fato, ela é componente estrutural do ser social" (Pontes, 2007, p. 77). Além disso, o autor indica que a mediação é uma das categorias centrais da dialética marxista e tem a função de "condutos de 'passagens' e 'conversões' entre as várias instâncias da

---

3 Georg Lukács (1885-1971) é um filósofo húngaro de origem judaica que desde 1917 adotou a perspectiva marxista no desenvolvimento de sua atividade científica. Sua postura acadêmica e militante inspirou inúmeros marxistas ao longo do século XX. Sua principal obra, *História e consciência de classe* (1923), provoca debates acalorados entre os estudiosos de Marx até os dias atuais.

totalidade" (Pontes, 2007, p. 86). Ao afirmar que a mediação conta com uma dupla dimensão, "ontológica (que pertence ao real) e reflexiva (elaborada pela razão)", o autor explica que

> É ontológica porque está presente em qualquer realidade independente do conhecimento do sujeito; é reflexiva porque a razão, para ultrapassar o plano da imediaticidade (aparência) em busca da essência, necessita construir intelectualmente mediações para **reconstruir o próprio movimento do objeto**. (Pontes, 2007, p. 65, grifo do original)

Neste ponto, é oportuno salientar que o termo *mediação*, em uma perspectiva materialista dialética, não se refere a um "termo médio" ou a uma intermediação de conflitos. A mediação se refere à evolução das relações sociais mediadas pelo trabalho humano, representa os processos necessários para a superação da exploração do homem pelo homem, da exploração do trabalho pelo capital.

Por fim, as **contradições** representam todos os antagonismos imanentes ao modo de produção capitalista e à sociedade burguesa. Antagonismo aqui não em um sentido "individual, mas [...] que provém das condições sociais de vida dos indivíduos" (Engels, 1979, p. 306).

Podemos inferir, portanto, que as contradições estão presentes em todas as dimensões da vida social e exigem mediações (processos de superação) para seu enfrentamento. Ou seja, **a sociedade em que vivemos é uma totalidade complexa que necessita de permanentes mediações para a superação de suas contradições sociais, políticas e econômicas**.

> ### Questão para reflexão (I)
>
> 1. O que você entendeu sobre a "viagem de volta" ou "viagem de modo inverso", presente no método de Marx e analisada por José Paulo Netto?
>   **Dica**: lembre-se do retorno do abstrato ao concreto.

1.2 Categorias fundamentais para o entendimento da exploração do trabalho pelo capital

Diante do exposto sobre o método de Marx, torna-se imprescindível examinarmos algumas categorias fundamentais da *Crítica à economia política*, desenvolvida pelo autor, para explicar o modo de produção capitalista e a exploração do trabalho pelo capital.

1.2.1 Formas de mais-valia e movimentos do capital

Podemos afirmar que a **mais-valia** é a categoria basilar para a compreensão do capital e da sociedade burguesa. Ela está relacionada à ampliação do trabalho e das taxas de lucro como resultados da valorização do capital determinada pela exploração do trabalho pelo capital. Por isso, podemos dizer que a mais-valia, a Lei da Queda Tendencial da Taxa de Lucro e a Lei Geral da Acumulação Capitalista são os principais fundamentos que explicam a "questão social" e, portanto, são inseparáveis dos fundamentos teórico-metodológicos do Serviço Social.

Com relação à compreensão da mais-valia, o ponto de partida é visualizar a força de trabalho como uma mercadoria especial que está no mercado para ser comprada como qualquer outra mercadoria. Quando o capitalista compra a força de trabalho, paga como salário o valor suficiente para a subsistência do trabalhador e de sua família. Nesse caso, é importante compreender a lei do valor-trabalho, ou seja, a realidade concreta de que o valor da força de trabalho é determinado,

> como no caso de qualquer outra mercadoria, **pelo tempo de trabalho necessário à produção** e consequentemente também à reprodução desse artigo especial [...]. Tendo-se o indivíduo, a produção da força de trabalho consiste na reprodução de si mesmo ou na sua manutenção. Portanto, o tempo de trabalho exigido para a produção da força de trabalho se reduz ao necessário para a produção daqueles meios de subsistência. Em outras palavras, o valor da força de trabalho é o valor dos meios de subsistência necessários para a manutenção do trabalhador e seus meios de subsistência devem ser suficientes para mantê-lo em seu estado normal como trabalhador. Suas necessidades naturais, como alimentação, roupa, combustível e alojamento, variam segundo o clima e outras condições físicas de seu país. Por outro lado, o número e extensão de suas chamadas necessidades [...] são assim, elas próprias, o produto do desenvolvimento histórico e dependem, portanto, em grande parte do grau de civilização do país. (Marx, 1984, p. 189-190, grifo nosso)

Se o valor pago ao trabalhador pela venda de sua força de trabalho corresponde a seis horas diárias de trabalho, mas o trabalhador realizou oito horas nesse dia, conclui-se que a jornada se dividiu em duas partes: uma parte refere-se ao trabalho necessário para a subsistência do trabalhador, ao valor das mercadorias necessárias a sua subsistência; enquanto a outra parte do trabalho realizado refere-se ao denominado *trabalho excedente* ou *mais-trabalho*.

Esse aspecto das relações sociais de produção capitalista, ou seja, a repartição do tempo de trabalho, está na origem da exploração do trabalho pelo capital, tendo em vista que o trabalho excedente é apropriado pelo capitalista, ou seja, é a mais-valia. Evidentemente, essa apropriação do trabalho se desdobra em empobrecimento para a classe trabalhadora e em diversas formas de desigualdade social que configuram as relações sociais.

A forma mais conhecida de mais-valia é a **mais-valia absoluta**, que diz respeito ao prolongamento da jornada de trabalho para além "do ponto em que o trabalhador produz apenas um equivalente ao valor de sua força de trabalho e com a apropriação pelo capital desse trabalho excedente" (Marx, 1984, p. 585). Nesse caso, o prolongamento da jornada de trabalho é realizado sem aumento de salário, ao contrário, o capitalista se apropria do excedente produzido pelo trabalhador, configurando-se, assim, a exploração de sua força de trabalho.

Outra forma de mais-valia absoluta pode ocorrer por meio da intensificação do trabalho, ou seja, devido à rapidez, ao grau de concentração, à densidade, ao ritmo, à velocidade e à energia física, intelectual e emocional que o trabalhador despende na atividade conforme explica Dal Rosso (2008, p. 49). Nesse sentido, a intensidade se refere ao dispêndio de energia da força de trabalho e não deve ser confundida com produtividade. Esta última diz respeito ao desenvolvimento das forças produtivas e à introdução de meios tecnológicos no processo de produção. De modo geral, "intensificar o trabalho implica maiores gastos de energias vitais e também resultados mais elevados. Por isso, a intensificação aumenta a mais-valia, já que os resultados excedem os gastos" (Dal Rosso, 2008, p. 49). Em outras palavras, a **intensidade** tem a ver com a quantidade de trabalho gasto, e a **produtividade** é vinculada ao grau de desenvolvimento dos meios de produção e às inovações tecnológicas que ampliam a quantidade da produção.

Mas existem limitações sócio-históricas para a ampliação permanente da jornada de trabalho e mesmo para a intensificação sem limites do trabalho. Lembre-se de que não interessa ao capital debilitar ou exaurir a força de trabalho a um ponto em que ela se torne incapaz de continuar o processo de produção e reprodução do capital e de si mesma. Isso colocaria em risco o processo de acumulação capitalista em sua totalidade.

Existem, também, limitações de ordem política que derivam das lutas da classe trabalhadora pela redução da jornada de trabalho. Aqui, vale observar que, na transição do século XVIII para o XIX, quando emergiu a classe operária na Inglaterra, as lutas pela redução da jornada de trabalho estavam inscritas como uma das principais bandeiras dos movimentos operários.

Tais limitações sócio-históricas remetem à busca incessante por parte dos capitalistas de outras formas de incrementar a produtividade do trabalho, desdobrando-se na alternativa de produção da mais-valia relativa.

Na **mais-valia relativa**, o incremento da produção ocorre por meio da implementação de recursos tecnológicos com o objetivo de ampliar a produtividade, ou seja, produzir mais e, portanto, reduzir o custo total da produção. Isso não significa que o trabalhador terá seu salário aumentado, pois ele continuará a ser explorado pelo capital.

Notamos que a mais-valia absoluta e a mais-valia relativa não são categorias distintas. A mais-valia absoluta e a mais-valia relativa, ou as duas formas de exploração combinadas, apresentam-se somente como maneiras particulares utilizadas pelo capital para apropriar-se da mais-valia de acordo com os interesses conjunturais, políticos e econômicos que promovam maior acumulação capitalista.

Para Marx, a principal diferença entre a mais-valia absoluta e a mais-valia relativa reside no fato de que "a produção da mais-valia absoluta gira exclusivamente em torno da duração da jornada de trabalho; a produção da mais-valia relativa revoluciona totalmente os processos técnicos de trabalho e as combinações sociais" (Marx, 1984, p. 585).

Mandel (1962, p. 125, tradução nossa) confirma a tese marxista quando afirma que "o aumento da mais-valia relativa resulta essencialmente do incremento da produtividade do trabalho graças ao emprego de novas máquinas, de métodos de trabalho mais racionais, de um aperfeiçoamento na divisão social do trabalho, de uma melhor organização do trabalho etc.".

Na mais-valia relativa, não ocorre o aumento da jornada de trabalho. Aqui, a estratégia de exploração reside na redução do tempo de trabalho necessário, utilizando-se da maior velocidade proporcionada pelas inovações tecnológicas. Obviamente, a redução do trabalho necessário promove o aumento do tempo de trabalho excedente, o que amplia a mais-valia a ser apropriada pelo capitalista.

Fica claro, então, quais são as estratégias de exploração do trabalho pelo capital por meio da produção da mais-valia absoluta e/ou da mais-valia relativa. Entendemos que a combinação das duas formas de mais-valia, isto é, a utilização das duas formas de mais-valia simultaneamente, promove a superexploração do trabalho pelo capital.

Contudo, é preciso esclarecer, ainda, um ponto importante para o entendimento da mais-valia relativa. Trata-se do fato de que a mais-valia relativa promove o barateamento do preço da força de trabalho. Isso ocorre porque "o acréscimo da produtividade do trabalho faz

cair o preço da força de trabalho e subir a mais-valia, enquanto o decréscimo eleva o valor da força de trabalho e faz cair a mais-valia" (Marx, 1984, p. 597).

Nesse processo, é importante destacar que, quando se fala em barateamento da força de trabalho, não se está falando na redução de salários. O que se está querendo dizer é que, com o mesmo salário, o trabalhador poderá comprar uma quantidade igual ou até maior de mercadorias. Isso acontece por meio da redução dos preços dos produtos mais consumidos pelos trabalhadores em razão do aumento de produtividade promovido pela mais-valia relativa.

Para esclarecermos melhor essa ideia, utilizamos as palavras de Rosdolski (2001, p. 201):

> ao contrário da mais valia absoluta, não se obtém mais-valia relativa pelo prolongamento da jornada de trabalho, mas sim pelo barateamento do valor da força de trabalho. Decorre daí o impulso imanente e a tendência permanente do capital de revolucionar as condições técnicas e sociais do processo de trabalho, ou seja, revolucionar o modo de produzir para aumentar a produtividade do trabalho; diminui, assim o valor da força de trabalho e abrevia-se a parte da jornada de trabalho que é necessária à reprodução desse valor.

Carcanholo também explica o barateamento da força de trabalho, expondo que isso somente é possível se o valor dos alimentos sofrer uma redução. Para que isso ocorra, é indispensável um aumento da força produtiva do trabalho nos setores que produzem os bens de consumo dos trabalhadores ou os insumos e os meios de produção necessários. Para o autor, isso normalmente acontece pelo constante processo de renovação e desenvolvimento do que Marx chama de **forças produtivas do trabalho** (Carcanholo, 2011, p. 139).

Por *forças produtivas do trabalho* entendemos o conjunto de elementos constitutivos do processo de trabalho, ou seja, os meios, os objetos e a força de trabalho. Nesse panorama, esta última é a força propulsora das demais, a única força produtiva viva e transformadora no processo de trabalho.

> **Questão para reflexão (II)**
>
> 1. O que você entendeu por *mais-valia absoluta* e *mais-valia relativa*?
>   **Dica**: lembre-se da ampliação da jornada de trabalho para a mais-valia absoluta e da redução do trabalho necessário para a mais-valia relativa.

1.2.2 Processo de trabalho e reprodução ampliada do capital

O **trabalho** é em si mesmo um processo contraditório. Embora seja compreendido, muitas vezes, como expressão de realização pessoal e construção social, frequentemente é encarado como um fardo causador de infelicidade ou um sinal de submissão e escravidão.

De qualquer forma, neste livro, estamos concentrando a discussão em processos de trabalho subsumidos pelo capital e, assim, entendemos o trabalho como uma relação sócio-histórica. Ele se apresenta como uma relação social que se torna estranha ao processo "natural" de satisfação das necessidades materiais de homens e mulheres. Nesse caso, o processo de trabalho se configura como uma relação entre coisas e tem como base estruturante a exploração do trabalho pelo capital, por meio da expropriação da mais-valia. No modo de produção capitalista, são as relações de troca mercantil que movimentam o capital, possibilitando a acumulação capitalista a partir da reificação, isto é, da "coisificação" das relações sociais[4].

Inicialmente, é preciso esclarecer que o capital é uma relação social de produção e reprodução das condições materiais de existência, produzindo valores que se ampliam em permanente processo. Portanto,

---

4 Iamamoto e Carvalho explicam o conceito de reificação. Segundo eles, "a reificação do capital, isto é, sua identificação com coisas materiais (os meios de produção) é típica daqueles que não conseguem distinguir as formas em que as relações se expressam destas mesmas relações" (Iamamoto; Carvalho, 1982, p. 31).

para compreender as relações sociais de produção capitalista, é preciso partir "do valor de troca já desenvolvido no movimento da circulação" (Marx, 1984, p. 654).

Trata-se de um modo de produção no qual a atividade humana representa um processo de trabalho que, no conjunto das operações, é subordinado à compra da força de trabalho pelo capitalista para realizar a produção de mercadorias. O processo de trabalho é concluído quando a mercadoria está terminada e deve entrar no mercado (processo de circulação) para ser vendida aos consumidores. Assim, no processo de acumulação capitalista, a circulação de mercadorias é o ponto de partida do capital, tendo em vista que:

> a conversão de uma soma de dinheiro em meios de produção e força de trabalho é o primeiro passo dado por uma quantidade de valor que vai exercer a função de capital. Essa conversão ocorre no mercado, na esfera da circulação. O segundo passo, o processo de produção, consiste em transformar os meios de produção em mercadoria cujo valor ultrapassa o dos seus elementos componentes, contendo, portanto, o capital que foi desembolsado, acrescido de uma mais-valia. (Marx, 1984, p. 657)

A circulação de mercadorias é um processo de troca, de intercâmbio. Os sujeitos envolvidos se relacionam com o objetivo de adquirir voluntariamente as mercadorias uns dos outros como produtores privados, o que lhes aparenta ser uma relação social entre coisas, ou seja, são relações já reificadas, fetichizadas.

Para a compreensão dessa relação de troca, não é necessário saber exatamente como os indivíduos envolvidos (ou os ramos de produção) alcançaram a condição de proprietários de mercadorias. Temos, pois, que a transformação de dinheiro em capital pressupõe um capital inicial consolidado, seja por meio de uma produção anterior de mercadorias, seja por meio de crédito, enfim, pressupõe a condição de propriedade privada da mercadoria *dinheiro* para iniciar qualquer processo de acumulação.

Aqui, é importante salientar que "o capitalista e proprietário se convertera em possuidor de dinheiro graças a alguma forma de acumulação primitiva que teve lugar independentemente da exploração de trabalho alheio não pago" (Marx, 1984, p. 671). Lembre-se de que a acumulação primitiva do capital ocorreu na transição do modo de produção feudal para o modo de produção capitalista no início do século XVI. Aquele processo de construção do capitalismo aconteceu mediante roubo e intensa violência contra os camponeses e suas famílias, que perderam seus meios de produção para garantir a renda e a propriedade de uma nobreza avessa ao trabalho braçal. Contudo, para aquela nobreza ociosa, expropriar as terras dos camponeses não era considerado roubo. Eles "acreditavam" estar resgatando o que já lhes pertencia por doação do Estado. Vemos nisso uma grande contradição, pois, no modo de produção capitalista, a mediação legítima para aquisição de renda e propriedade não se expressa por meio de doações, como no período feudal, e sim por meio do trabalho. Sabendo disso, podemos fazer uma reflexão: se tomadas as devidas proporções, isso não se mantém nos dias atuais sob outras roupagens?

Em nosso cotidiano, é comum pensarmos que o dinheiro em si é o próprio capital. Entretanto, o dinheiro é, inicialmente, apenas a primeira forma como aparece o capital. Ele é um meio de troca entre mercadorias, representa a mercadoria e precisa se transformar em capital por meio de processos de valorização e acumulação (capitalização, na linguagem de mercado). Isso ocorre quando se inicia o processo de circulação. Nas fases de produção, por exemplo, no primeiro processo de produção de uma mercadoria ou de várias, o capitalista adiantou o capital inicial para recebê-lo de volta por ocasião da circulação e venda de seus produtos. Trata-se de um processo, um circuito, um movimento de rotação que corresponde ao período de tempo que decorre desde o momento inicial em que a mercadoria foi colocada em circulação até o momento em que esta se realiza, ou seja, em que a mercadoria é trocada e devolvida em forma de dinheiro ao proprietário capitalista, quando então se encerra o (um) movimento de rotação[5].

Desse modo, podemos definir o movimento de rotação como o processo de troca de mercadorias em toda a sua amplitude, o que possibilita,

---

5 A acumulação capitalista, obviamente, exige infinitos circuitos de rotação.

de fato, a acumulação progressiva de capital.[6] Ou seja, "quando ocorre de fato a acumulação é porque o capitalista conseguiu vender a mercadoria produzida e reconverter o dinheiro em capital" (Marx, 1984, p. 658).

O dinheiro, apareça ele na forma de metais preciosos, papel-moeda, títulos públicos, carteira de ações ou, mais recentemente, cartão de crédito, tem como função social a equivalência geral, servindo na circulação de meio de troca de todas as mercadorias.

Fica claro, portanto, que qualquer capitalista tem de contar com certa quantia de dinheiro para iniciar o processo de transformação de dinheiro em capital. Sobre isso, Marx explica que "todo capital novo, para começar, entra em cena, surge no mercado de mercadorias, de trabalho ou de dinheiro, sob a forma de dinheiro, que, através de determinados processos, tem de transformar-se em capital" (Marx, 1984, p. 166).

A forma "básica" de circulação de mercadorias se refere à **reprodução simples de mercadorias**, característica exemplar do processo mercantil existente na acumulação primitiva de capital e que é representada pela fórmula M-D-M[7], que significa o processo de vender para comprar mais mercadorias. É nesse momento que ocorre "a conversão de mercadoria em dinheiro e reconversão de dinheiro em mercadoria" (Marx, 1984, p. 166). Mas não podemos considerar essa reprodução simples uma forma potencial de transformar dinheiro em capital.

A reprodução simples representa, no máximo, pequenos lucros e, portanto, não pode caracterizar as relações de troca do "verdadeiro" capitalista. Vejamos as palavras de Rosdolski (2001, p. 166):

> em última análise, uma mercadoria é trocada por outra mercadoria. Nesse caso, a circulação serve apenas, por um lado, para que os valores de uso troquem de mãos, de acordo com as necessidades e, por outro,

---

6 Por isso, "a velocidade da circulação é [...] da maior importância para o capital, já que dependem dela a velocidade do processo de produção e, como decorrência, se não os próprios valores [...] até certo ponto, a massa dos valores" (Rosdolski, 2001, p. 282).

7 M representa "mercadoria" e D, "dinheiro".

para que eles troquem de mãos conforme o tempo de trabalho que representam, [...] na medida em que são equivalentes do tempo de trabalho social geral. Por isso, a circulação mercantil simples não embute em si o princípio da autorrenovação, não pode ser impulsionada a partir de si mesma [...] o consumo, o valor de uso, constitui o objetivo final e o verdadeiro centro da circulação mercantil simples.

Por isso, é outro movimento (mais desenvolvido) que possibilita a **reprodução ampliada do capital**. O processo que realmente transforma o dinheiro em capital e possibilita sua acumulação é representado pela fórmula D-M-D, que significa o processo de comprar para vender mercadorias. É nele que ocorre "a conversão de dinheiro em mercadoria e reconversão de mercadoria em dinheiro" (Marx, 1984, p. 166).

Para entender esse processo, as palavras de Marx são elucidativas:

> Na primeira fase, D-M, compra, transforma-se dinheiro em mercadoria. Na segunda, M-D, venda, a mercadoria volta a ser dinheiro. O que faz a unidade de ambas as fases é o movimento conjunto em que se permuta dinheiro por mercadoria e a mesma mercadoria por dinheiro, se compra mercadoria para vendê-la, ou abandonando-se as diferenças formais entre compra e venda, compra-se mercadoria com dinheiro e dinheiro com mercadoria. (Marx, 1984, p. 166)

Além disso, é no capitalismo propriamente dito que a mercadoria **força de trabalho** entra em cena para possibilitar a mais-valia, ou seja, a valorização do capital e a acumulação capitalista, em essência. Portanto, é nessa etapa que "a compra e venda da força de trabalho faz a 'diferença específica' do capitalismo" (Swezzy, 1986, p. 57), isto é, o capital só aparece como capital propriamente dito quando a força de trabalho se transforma em mercadoria e a sua compra é mediada pelo dinheiro, tornando possível o processo de valorização do capital. Esse processo de valorização ocorre por meio da exploração da mais-valia, isto é, da exploração do trabalho pelo capital. E é importante ressaltar que esse processo não é casual, pois as condições históricas de existência do capital não

> se concretizam por haver circulação de mercadorias e dinheiro. Só aparece o capital quando o possuidor de meios de produção e de subsistência encontra o trabalhador livre no mercado vendendo sua força de trabalho,

e esta única condição histórica determina um período da história da humanidade. O capital anuncia, desde o início, uma nova época no processo de produção social. (Marx, 1984, p. 190)

Evidentemente, depois de ocorrida a venda da mercadoria (consumo), o dinheiro volta acumulado (mais-valia do trabalho excedente) a seu ponto de partida.[8] Mas isso só ocorre quando o processo de circulação é finalizado, quando o movimento é concluído e encerra o circuito de rotação. Nele

> transparece a diferença entre a circulação do dinheiro na função de capital e sua circulação apenas como dinheiro [...]. O circuito D-M-D está plenamente percorrido, logo que o dinheiro obtido com a venda de uma mercadoria é absorvido pela compra de outra mercadoria. Só pode ocorrer o retorno do dinheiro, ao ponto de partida, com a renovação ou repetição do processo por inteiro. (Marx, 1984, p. 168)

A produção e a circulação de mercadorias representam etapas distintas de um mesmo processo (produção e reprodução do capital). Nesse processo, o capital entra em movimento permanente de reprodução e acumulação. Desse modo, a lógica do lucro capitalista na circulação reside no dinheiro que produz mercadorias. A mercadoria entra em circulação e deve sair com um valor excedente, o que se representa pela fórmula D-M-D'. O apóstrofo "constitui a mais valia e é o acréscimo de valor que surgiu no processo de produção, valor criado pela força de trabalho, que produz um valor maior (excedente) ao que custa. A apropriação, pelo capitalista deste excedente configura a exploração do trabalho pelo capital" (Netto; Braz, 2006, p. 119).

Dessa forma, a reprodução do capital consiste no fato de que, para que a acumulação seja progressiva, o circuito de produção e circulação de mercadorias deve ser permanente. Somente assim o capital pode se multiplicar e, justamente por isso, sua reprodução incessante equivale à reprodução incessante da exploração do trabalho pelo capital.

---

8 Na circulação M-D-M, o "dispêndio do dinheiro nada tem a ver com seu retorno. Em D-M-D, ao contrário, a volta do dinheiro é determinada pela maneira como foi despendido" (Marx, 1984, p. 168-169).

Esse processo fica ainda mais claro se lembrarmos que o capital adquirido com o valor excedente com o qual a mercadoria sai de cada circuito, na verdade, não é um fenômeno específico da esfera da circulação. Ele apenas aparece na circulação, mas é estabelecido no processo de produção no qual o capitalista se apropria do trabalho excedente da força de trabalho. Isso só pode ser compreendido se a força de trabalho for considerada uma mercadoria, que também está na esfera da circulação para ser comprada, tanto quanto as demais.

Como mencionamos, o capitalista somente reencontra o capital – adiantado inicialmente para a produção de mercadorias – quando o movimento de rotação se realiza, ou seja, finaliza, e a mais-valia retorna ao capitalista. E aqui vale a importante inserção sobre a repartição da mais-valia.

No período necessário para circular o capital, o capitalista reinicia um novo processo de produção (por isso a acumulação capitalista é ininterrupta; caso contrário, o processo de acumulação estacionaria). Para tanto, é preciso acionar o crédito oferecido pelo capital bancário, pois o lucro do processo de circulação ainda não retornou. São necessários, ainda, comerciantes que coloquem suas mercadorias à venda. Sobre esse aspecto, Netto e Braz (2006, p. 119) explicam que

> tanto banqueiros quanto comerciantes são também capitalistas e só operam, como o capitalista industrial, visando lucros. Por isso mesmo, a mais-valia que é criada na produção geralmente se divide em três partes: a) uma parte é apropriada pelo capitalista que implementou o processo produtivo; trata-se do chamado lucro industrial; b) outra parte é aquela que o capitalista industrial cederá aos que eventualmente lhe emprestaram dinheiro; trata-se do juro, donde os banqueiros extraem os seus lucros; c) uma terceira parte será cedida aos comerciantes, constituindo a base do lucro comercial.

O movimento de repartição da mais-valia entre a classe capitalista como um todo é contínuo, uma vez que, na dinâmica geral da acumulação capitalista, existe uma interdependência entre as formas do capital, sendo elas:

- o capital-dinheiro (bancário);
- o capital produtivo (industrial); e
- o capital-mercadorias (comercial).

Dessa maneira, diante de qualquer movimento que possa interferir negativamente no processo de acumulação do capital, a classe capitalista forja estratégias para salvaguardar a continuidade da acumulação, na medida em que o lucro proporcionado pela extração da mais-valia não pertence somente ao capitalista individual nem mesmo somente ao capital industrial ou somente ao capital comercial ou bancário.

A infinidade de operações que ocorrem na produção e na circulação de mercadorias promove um processo de articulação geral da mais-valia entre os diversos ramos da produção social, que conjuga os interesses da classe capitalista em sua totalidade.

O processo de acumulação capitalista deve ser entendido no sentido da reprodução ampliada do capital quando, como visto, a mais-valia é transformada em capital. Para que haja essa tranformação, o capitalista precisa empregar determinada quantia de dinheiro para comprar mercadorias e recomeçar a produção, em escala ampliada. Na forma de reprodução ampliada, a classe capitalista utiliza uma parte da mais-valia para sua própria subsistência, e a outra parte deve, necessariamente, ser reinvestida em "novo" processo de produção, com o incremento de meios de produção e/ou a contratação de mais força de trabalho (quando se reproduz a apropriação de mais-valia). Nesse caso, "não devemos esquecer que, ao lado dos novos capitais, continua o capital primitivo a se reproduzir e a produzir mais-valia e que o mesmo é verdade para cada capital acumulado em relação ao capital adicional que produziu" (Marx, 1984, p. 677).

O movimento contínuo e crescente da reprodução ampliada permite a acumulação capitalista num movimento espiral crescente entre os processos de produção e circulação, com retorno sempre amplificado ao início de nova produção. Dessa forma, o processo de **circulação – produção – circulação** de mercadorias possibilita que o fluxo D-M-D' se expanda infinitamente. Como mencionado, a fórmula inicial D-M-D, em um primeiro momento, é acrescida de mais-valia adicional, passando a se apresentar como D-M-D'. A mais-valia adquirida ao final de cada processo de produção passa a incorporar o início do novo processo, isto é, em um segundo momento, o capitalista tem mais dinheiro do que tinha inicialmente (adquirido com a apropriação da mais-valia) e, consequentemente, mais mercadorias e mais dinheiro (capital) do que no primeiro processo de produção.

Isso pode ser representado, então, por acréscimos sucessivos a cada circuito de rotação da seguinte maneira: D-M-D' transforma-se em D'-M'-D'', posteriormente em D''-M''-D''', depois em D'''-M'''-D'''' e assim infinitamente. Certamente, cada movimento de rotação deve ser o mais breve possível, de forma a devolver a mais-valia rapidamente ao capitalista. É importante lembrarmos que essa rapidez sofre variações de acordo com a realidade de cada processo de produção. Essa velocidade, aliás, é um dos principais elementos da acumulação ampliada do capital, pois a riqueza acumulada depende enormemente da velocidade do movimento de rotação (ou giro) do capital.

Todavia, a transformação da mais-valia em capital só pode ser compreendida como fonte de acumulação capitalista quando visualizada na articulação dos vários ramos de produção que compõem a classe capitalista, conforme indicado quando mencionamos a repartição da mais-valia. Tendo em vista que o capital geral ou total se desdobra em capital industrial, capital bancário e capital comercial, os intercâmbios entre eles ocorrem na base da concorrência, sendo que competem entre si. Nesse panorama, obviamente, os capitalistas mais ricos são mais poderosos para enfrentar a concorrência, como veremos a seguir.

Questão para reflexão (III)

1. Qual é a diferença principal entre a reprodução simples e a reprodução ampliada do capital?
   Dica: lembre-se da diferença entre as fórmulas M-D-M e D-M-D.

1.2.3 Lei da Queda Tendencial da Taxa de Lucro e Lei Geral da Acumulação Capitalista

Além da lei do valor-trabalho, no processo de exploração do trabalho pelo capital, existem outras duas leis que evidenciam tendências também essenciais para a dinâmica da acumulação de capital e seus desdobramentos na desigualdade social e na pauperização da classe trabalhadora. São elas a Lei da Queda Tendencial da Taxa de Lucro e a Lei Geral da Acumulação Capitalista, ambas vinculadas ao processo de produção capitalista e à reprodução ampliada do capital.

Para explicar a **Lei da Queda Tendencial da Taxa de Lucro**, inicialmente é preciso considerar a realidade de que, no processo de produção, a força de trabalho realiza uma dupla função simultaneamente. Enquanto conserva o valor dos meios de produção utilizados para a produção, a força de trabalho cria um valor novo, conhecido como *mais-valia*, como visto anteriormente.

É importante que consideremos neste ponto a divisão do capital em duas partes. Mandel (1962) explica que

> o capitalista que inaugura uma empresa industrial irá dividir seu capital em duas partes diferentes: uma parte para aquisição de máquinas, edifícios, matérias-primas, produtos auxiliares etc. Essa parte do capital **conserva** seu valor durante o processo de produção mediante sua incorporação no valor dos produtos terminados. Por isso será chamada **capital constante**. A segunda parte do capital será empregada na compra da força de trabalho. Trata-se agora de capital que se incrementa com a mais-valia produzida pelos operários. Será chamada, pois, **capital variável**. (Mandel, 1962, p. 142, grifo do original, tradução nossa)

Consideramos, portanto, uma distinção entre capital constante e capital variável. Para fins representativos, o **capital constante** é indicado pela letra c; o **capital variável**, pela letra v. A relação entre os dois tipos de capital, por sua vez, se denomina **composição orgânica do capital** e é representada pela letra q.

Temos, então, que a composição orgânica do capital se expressa pela seguinte fórmula:

$$q = c/v$$

Netto e Braz (2006, p. 102) explicam que a composição orgânica do capital varia conforme os diversos ramos industriais,

> assinalando o maior grau de mecanização/automatização das empresas, e varia também historicamente, segundo a crescente aplicação dos avanços científico-tecnológicos à produção. Diz-se que a composição do capital é alta quando é maior a proporção do capital constante e baixa quando é maior a do capital variável.

Por meio da divisão do capital em constante (c) e variável (v), é possível alcançar o valor total de uma mercadoria se acrescentarmos a **mais-valia**, representada pela letra m. Com isso, passamos a ter a fórmula:

$$c + v + m = \text{valor total de uma mercadoria}[9]$$

Para o capitalista, a importância da fórmula que oferece o valor total da mercadoria (c + v + m) é conhecer sua taxa de lucro, a qual não se confunde com a taxa de mais-valia (por ser esta uma taxa que mede a exploração capitalista). A fórmula que permite o cálculo da taxa de mais-valia e, portanto, da taxa de exploração do trabalho pelo capital é **m' = m/v**. Em outras palavras, a taxa de mais-valia equivale ao trabalho excedente sobre o trabalho necessário.

Certamente, um capitalista não reconhece que explora a classe trabalhadora. Ele acredita que a mais-valia é apenas sinônimo de seu

---

[9] "Essa fórmula não se limita à análise do valor de uma única mercadoria, mas pode ser ampliada para cobrir a produção durante certo período de tempo, digamos um ano, de uma empresa, ou qualquer grupo de empresas, que podem representar até a economia total de um país" (Swezzy, 1986, p. 61).

lucro. Dessa forma, a taxa de lucro "é calculada considerando-se a relação entre a mais-valia e o investimento total, ou seja, a soma de capital constante e capital variável (c + v)" (Netto; Braz, 2006, p. 144). Assim, a fórmula da taxa de lucro (p) é a seguinte:

$$p = m/c + v$$

Prosseguindo em sua análise, os autores afirmam que:

> o capitalista não distingue os gastos com c e v: na sua contabilidade, tudo é investimento; assim, ele calcula a sua taxa de lucro levando em conta o investimento total (c e v). O lucro é a forma metamorfoseada com que a mais-valia aparece ao capitalista, e é esta forma a que imediatamente lhe interessa – com efeito, a rentabilidade de uma empresa é determinada pela sua taxa de lucro. (Netto; Braz, 2006, p. 144)

Entretanto, no modo de produção capitalista, a taxa de lucro enfrenta a lei tendencial à queda. O desejo incessante de acumular, somado à concorrência intercapitalista e ao receio permanente da tendência à queda do lucro, promove maior investimento do capitalista em capital constante, em detrimento do capital variável. Esse movimento não é uma opção do capitalista, mas uma determinação imanente à acumulação de capital, sob pena de tudo perder.

Neste ponto, não podemos esquecer que a concorrência é um dos principais elementos para o emprego de máquinas em substituição à força de trabalho, ou seja, do investimento cada vez maior em capital constante em detrimento do capital variável, pois a concorrência gera insegurança para o capitalista, o qual procura ampliar sua produtividade em busca de maiores lucros.

Em todo esse deslocamento de capital, o que realmente fala mais alto para o capitalista é sua taxa de lucro. Nessas disputas pelo capital, a taxa de mais-valia é o ponto de partida, e a taxa de lucro é o ponto de chegada. Nessa dinâmica do modo de produção capitalista, temos um cenário de difícil compreensão diante da gigantesca constelação de movimentações, infinitos processos de produção, circulação, trocas e consumo de mercadorias. Deparamo-nos, assim, com mercadorias produzidas nas indústrias, serviços bancários, dinheiro, crédito, juros, além de trocas efetivadas na circulação ou no consumo realizado pela população.

Esse processo se realiza com todos os capitalistas querendo tirar o máximo proveito, afinal, todos querem obter lucros em suas transações. Nesse sentido, a taxa de lucro assume uma importância fundamental, demonstrando em que ramo da economia é possível lucrar mais. Mesmo sendo definida uma taxa comum a todas as transações capitalistas, "as taxas de lucro variam entre empresas do mesmo ramo e entre empresas de ramos diferentes" (Netto; Braz, 2006, p. 144). Isso ocorre de acordo com os investimentos realizados, que podem aumentar ou reduzir os níveis de composição orgânica do capital, pois, como mencionado, quanto maior for o capital constante, mais elevado será o nível de composição orgânica de um capital total.

Os grandes investimentos em capital constante propiciam que o ramo de produção mais avançado coloque seus produtos em circulação por preços menores, o que inicialmente proporciona maiores lucros. Porém, no processo de concorrência, as empresas cuja composição orgânica do capital não era tão alta (aqui nos referimos às empresas menores) são obrigadas a alcançar os níveis de composição das empresas mais avançadas, o que processa certo equilíbrio nas taxas de lucro. Assim,

> a concorrência [...] fará com que o **preço** [...] seja determinado não pelo valor das mercadorias que cada uma delas produz, mas pelo valor **socialmente determinado**, que corresponde ao **tempo de trabalho socialmente necessário** nessa conjuntura [...]. Isso significa uma vantagem para as empresas mais avançadas [...]; mas em pouco tempo, essa vantagem desaparecerá: a concorrência obrigará a empresa menos avançada a se modernizar, alcançando os ganhos da outra (caso contrário, ela será alijada da competição) – e não é preciso dizer que esse movimento é infindável, reproduzindo sempre um relativo desnível entre todas as empresas do ramo [...] as taxas de lucros das empresas tendem, ao cabo de certo tempo, a se **nivelar**: se, inicialmente, as empresas mais avançadas obtêm um **lucro adicional** (ou **superlucro**), logo depois as outras também alcançarão a mesma taxa de lucro. (Netto; Braz, 2006, p. 145, grifo do original)

No modo de produção capitalista, a dinâmica é geral e simultânea entre os diversos ramos de produção. Por isso, para compreender a Lei da Queda Tendencial da Taxa de Lucro, é preciso visualizar o movimento total do capital – e não apenas suas expressões particulares, ou seja,

> na medida em que cada capitalista procura maximizar seus lucros, a taxa de lucro tende a cair [...] A concorrência obriga cada capitalista a tomar uma decisão (a de incorporar inovações que reduzam o tempo de trabalho necessário à produção de sua mercadoria) que lhe é individualmente vantajosa, mas que, ao cabo de algum tempo imitada pelos outros, tem como resultado uma queda da taxa de lucro para todos os capitalistas. (Netto; Braz, 2006, p. 153)

Certamente, existem formas de enfrentamento, por parte do próprio capital, no sentido de não deixar a taxa de lucro baixar indefinidamente, pois a tendência à queda coloca em risco todo o processo de acumulação ampliada do capital. Por exemplo, diante da possibilidade de ter seus lucros rebaixados, a classe capitalista luta pela redução de salários, pelo aprofundamento da exploração do trabalho pelo capital com a ampliação da jornada ou a redução do trabalho necessário, promovendo demissões, entre outras medidas.

Quanto à **Lei Geral da Acumulação Capitalista**, há que se considerar a relação de interdependência existente entre a produção e a reprodução capitalista, ou seja, temos de levar em conta que a reprodução capitalista necessita da produção de mais-valia. Para tanto,

> A força de trabalho tem de incorporar-se continuamente ao capital como meio de expandi-lo, não pode livrar-se dele. Sua escravização ao capital se dissimula apenas com a mudança dos capitalistas a que se vende, e sua reprodução constitui, na realidade, um fator de reprodução do próprio capital. Acumular capital é, portanto, acumular o proletariado. (Marx, 1984, p. 714)

Nos estágios iniciais do capitalismo concorrencial, o baixo desenvolvimento das forças produtivas e a baixa composição orgânica do capital exigiam grande quantidade de força de trabalho e, por isso, a divisão do capital tendia favoravelmente à parte variável. Naquele contexto, predominava a extração da mais-valia absoluta, os meios de trabalho ainda não eram tecnicamente avançados, e a acumulação capitalista necessitava de um contingente imenso de trabalhadores para a produção e a reprodução do capital.

Não raro, a demanda por força de trabalho era superior à oferta, o que fazia os salários aumentarem e, consequentemente, as taxas de lucro caírem. Somado a isso, a busca por força de trabalho era uma forma de concorrência expressiva entre capitalistas, sobretudo em períodos de expansão de determinados ramos industriais.

Com o progressivo desenvolvimento das forças produtivas e o maior incremento na parte constante do capital (meios de produção) – acrescidos aos movimentos cíclicos do capital –, ocorrem o deslocamento de maior investimento do capital em sua parte constante e o declínio de sua parte variável, o que não reduz a extração da mais-valia. Como analisamos, o desenvolvimento tecnológico e técnico-científico, com a evolução da maquinaria, promove o barateamento do trabalhador com a "invenção" da mais-valia relativa e, com isso, altera-se a composição orgânica do capital, aumentando progressivamente a parte constante à custa de sua parte variável.

Devemos destacar que a redução da parte variável na composição orgânica do capital incide diretamente nas condições de vida da classe trabalhadora e em suas possibilidades de reprodução, na medida em que aumenta o número de trabalhadores excedentes em relação às necessidades de acumulação capitalista. Em outras palavras, quando o capital passa a contar cada vez mais com novas forças produtivas para a ampliação da mais-valia, das taxas de lucro e, consequentemente, para o aumento da velocidade de reprodução do capital, deixa de necessitar daquele contingente enorme de força de trabalho. É aí que se produz o que Marx denominou de superpopulação relativa ou exército industrial de reserva, ou seja, uma população excedente em relação às necessidades de acumulação do capital. Em breve, retornaremos a esse fenômeno social de fundamental importância para os processos de desigualdade social e pauperização da população.

Antes disso, é importante considerarmos que o desenvolvimento do capitalismo leva necessariamente ao emprego de métodos mais avançados e mais eficientes permanentemente. Porém, métodos de produção novos e modernos exigem cada vez mais capital; além disso, a maquinaria tende a tornar-se obsoleta mais rapidamente. De fato, no processo ininterrupto de acumulação capitalista,

> chega-se a um ponto em que o desenvolvimento da produtividade do trabalho social se torna a mais poderosa alavanca da acumulação [...], sendo que o grau de produtividade do trabalho, numa determinada sociedade se expressa pelo volume relativo dos meios de produção que um trabalhador, num tempo dado, transforma em produto, com o mesmo dispêndio de força de trabalho. (Marx, 1984, p. 723)

Por isso, vemos que o aumento de produtividade está relacionado às inovações tecnológicas. Assim, a utilização de máquinas em substituição à força de trabalho se apresenta como estratégia de produção da mais-valia relativa, afinal, proporciona uma redução de quantidade de trabalho em relação à massa dos meios de produção. Como mencionado anteriormente, esse processo produz uma mudança na composição sociotécnica do capital, tendo em vista que

> o aumento da massa dos meios de produção, comparada com a massa de força de trabalho que os vivifica, reflete-se na composição do valor do capital, com o aumento da parte constante à custa da parte variável. Se, por exemplo, originalmente se despende 50% em meios de produção e 50% em força de trabalho, mais tarde, com o desenvolvimento da produtividade do trabalho, a percentagem poderá ser de 80% para os meios de produção e de 20% para a força de trabalho e assim por diante. (Marx, 1984, p. 724)

Trata-se, portanto, de um processo que progressivamente favorece a acumulação capitalista, uma vez que o progresso tecnológico, por meio do investimento em capital constante, aumenta a produtividade do trabalho e, consequentemente, o valor da mais-valia. Por outro lado, esse mesmo processo diminui o valor da força de trabalho.

Observamos que, em um processo de acumulação ininterrupto, o emprego de máquinas somente amplia a mais-valia se houver a redução do número de trabalhadores e, com isso, o capital variável progressivamente se reduz em relação ao capital constante. Por isso, a Lei Geral da Acumulação Capitalista revela que a produção de riqueza em um lado promove, necessariamente, a pauperização da classe trabalhadora, no outro lado.

1.2.3.1 Conceito de superpopulação relativa de Marx

Todo esse movimento do processo de produção capitalista desenvolve-se numa dinâmica que incide fortemente no salário da classe trabalhadora, mas, sobretudo, em sua condição de classe e de trabalho. Elevam-se os índices de desemprego, de desigualdade social, de pobreza, ampliando a produção progressiva de uma **superpopulação relativa** ou de um exército industrial de reserva.

O exército industrial de reserva se refere a uma população excedente em relação às necessidades imediatas de acumulação capitalista, o que Marx denomina "superpopulação relativa". Ela "ultrapassa as necessidades médias de expansão do capital" (Marx, 1984, p. 732), tornando-se, por isso, uma população supérflua quando visualizada na ótica capitalista. Para Marx (1984, p. 732),

> Em todos os ramos, o aumento do capital variável, ou seja, o número de trabalhadores empregados, está sempre associado a flutuações violentas e à formação transitória de superpopulação pelo processo mais contundente de repulsão dos trabalhadores já empregados, ou pelo menos visível, porém não menos real, da absorção mais difícil da população trabalhadora adicional pelos canais costumeiros,

Assim, fica claro que Marx concebe o exército industrial de reserva como resultado de "um processo dialético de criação e supressão simultâneas do trabalho necessário por parte do capital [...]" (Rosdolski, 2001, p. 212).

Essa é uma lei da população particular do modo de produção capitalista, pois, em outras formações socioeconômicas, não se encontram grupos de pessoas que sejam supérfluos no âmbito da produção, ao contrário, nos modos de produção escravista e feudal (quando as forças produtivas eram menos desenvolvidas), o maior número de trabalhadores era fundamental para a efetivação dos processos produtivos.

É importante apontar para o fato de que a parcela de superpopulação relativa cumpre uma função socioeconômica orgânica à acumulação do capital. Em primeiro lugar, em razão da concorrência por trabalho assalariado, o exército industrial de reserva pressiona os trabalhadores que estão empregados a se manterem sujeitos aos salários e às condições materiais de produção nos patamares estabelecidos pelo capital. Isso significa que a reserva se estabelece como oferta permanente de força de trabalho passível de substituir parcelas do exército ativo. Portanto, contribui para a regulação dos salários e mantém a lei da oferta e da procura por empregos "dentro dos limites condizentes com os propósitos de exploração e de domínio do capital" (Marx, 1984, p. 742).

Em segundo lugar, o exército de reserva altera os padrões de organização coletiva da classe trabalhadora ao dificultar o fortalecimento de lutas comuns a essa classe em sua totalidade. A existência do exército de reserva estabelece uma hierarquia dentro da classe, desigualando as condições socioeconômicas entre os trabalhadores e produzindo conflitos entre frações que desarticulam os objetivos comuns. Esse processo acirra a competitividade e desestabiliza a solidariedade, ampliando a desigualdade no interior da própria classe trabalhadora.

Para Marx (1984, p. 743), "a superpopulação relativa existe sob os mais variados matizes. Todo trabalhador dela faz parte durante o tempo em que está desempregado ou parcialmente empregado". Certamente, os fluxos de trabalho estão vinculados aos ciclos de expansão do capital, ou seja, "as fases alternadas do ciclo industrial fazem-na aparecer [a superpopulação relativa] ora em forma aguda nas crises, ora em forma crônica, nos períodos de paralisação. Mas, assume ela, continuamente, as três formas seguintes: flutuante, latente e estagnada" (Marx, 1984, p. 743).

A **superpopulação flutuante** refere-se aos trabalhadores que participam mais intensamente dos ciclos industriais e da divisão social do trabalho. Nesse contexto, o trabalhador é útil enquanto representa uma força de trabalho potente para a realização das atividades braçais em determinado ramo da produção. Sendo assim, o trabalhador se vê compelido a acompanhar, no tempo e no espaço, oportunidades de trabalho nas quais sua força de trabalho possa (ainda) ser empregada. "Parte deles emigra e, na realidade, apenas segue o capital em sua emigração" (Marx, 1984, p. 744).

A **superpopulação latente** se refere às relações campo-cidade, quando a população rural se vê constrangida a deixar o campo por falta de espaço ocupacional e migra para as cidades na esperança de encontrar emprego nas indústrias urbanas. Para Marx (1984, p. 745), "Está fluindo sempre esse manancial da superpopulação relativa, mas seu fluxo constante para as cidades pressupõe no próprio campo uma população supérflua sempre latente [...]. Por isso, o trabalhador rural é rebaixado ao nível mínimo de salário e está sempre com um pé no pântano do pauperismo".

Há também a população denominada pelo autor de **superpopulação estagnada**, a qual, conforme Marx (1984, p. 746),

> é aquela que está em ação, mas com ocupação totalmente irregular [...]. Sua condição de vida se situa abaixo do nível médio normal da classe trabalhadora e justamente isso torna-a a base ampla de ramos especiais de exploração do capital. Duração máxima de trabalho e mínimo de salário caracterizam sua existência. Conhecemos já sua configuração principal sob o nome de trabalho a domicílio.

Por fim, no rol de camadas sociais que compõem a superpopulação relativa, Marx apresenta aqueles que vivem no **pauperismo absoluto**, ou seja, o **lumpemproletariado**, subdividindo-o em três categorias. Na primeira, encontram-se os aptos para o trabalho, mas que raramente encontram emprego. Na segunda, encontram-se os órfãos e filhos de indigentes que somente "são recrutados para trabalhar em tempos de grande prosperidade" (Marx, 1984, p. 747). Por fim, na terceira, Marx refere-se aos "desmoralizados, degradados e aos incapazes de trabalhar" por situações diversas (velhice, enfermidades etc.), ou seja, "São notadamente os indivíduos que sucumbem em virtude de sua incapacidade de adaptação, decorrente da divisão do trabalho; os que ultrapassam a idade normal de um trabalhador, e as vítimas da indústria [...] etc." (Marx, 1984, p. 747).

É essencial observarmos que as modalidades do exército de reserva apresentadas por Marx são bastante atuais quando se analisam as relações sociais de produção capitalista. Por isso, o trabalho se mantém como central na vida da classe trabalhadora, na medida em que esta ainda depende da sua força de trabalho para sobreviver.

No próximo capítulo, abordamos o desenvolvimento do capitalismo no Brasil no período de 1971 a 1990.

Questões para reflexão (IV)

1. O que você entendeu sobre a Lei da Queda Tendencial da Taxa de Lucro?
   Dica: lembre-se da concorrência entre os capitalistas.
2. O que você entendeu sobre a Lei Geral da Acumulação Capitalista?
   Dica: lembre-se de que a acumulação e a concentração de capital promovem a pauperização da classe trabalhadora.

Síntese

Iniciamos este capítulo explicando alguns elementos do método de Marx. Apresentamos o processo de construção do conhecimento com base em uma realidade concreta e na "viagem de volta", ou "viagem de modo inverso", que representam o processo do concreto ao abstrato e o retorno ao concreto. Vimos também as três principais categorias do método marxista: totalidade, mediação e contradição.

Posteriormente, analisamos a exploração do trabalho pelo capital por meio da expropriação da mais-valia por parte do capitalista, indicando que a mais-valia absoluta pode ser resumida como o processo de ampliação da jornada de trabalho e a mais-valia relativa, como a redução do trabalho necessário.

Observamos que a valorização do capital passa por movimentos de rotação (ou giro) do capital, que correspondem ao momento de início da produção até o momento de consumo. O movimento de rotação diz respeito ao processo de troca de mercadorias em toda a sua amplitude, o que possibilita, de fato, a acumulação progressiva de capital.

Vimos também que a reprodução (acumulação) do capital pode ocorrer de forma simples ou ampliada. A simples nos remete às formas mais "básicas" de circulação de mercadorias, tornando-se a característica exemplar do processo mercantil existente na acumulação primitiva de capital. É representada pela fórmula M-D-M.

Já a reprodução ampliada é um movimento mais desenvolvido do capital e está vinculada à apropriação de mais-valia pelo capitalista, que, num processo progressivo, promove a acumulação capitalista à custa do trabalho excedente da classe trabalhadora. Por isso, o processo que realmente transforma o dinheiro em capital e possibilita sua acumulação é representado pela fórmula D-M-D, que significa o processo de comprar para vender mercadorias.

Quanto à Lei da Queda Tendencial da Taxa de Lucro, apresentamos a diferença existente entre capital constante (c) e capital variável (v) para explicar que os grandes investimentos em capital constante propiciam que o ramo de produção mais avançado coloque seus produtos em circulação por preços menores. Esse fato inicialmente proporciona maiores lucros, porém, no processo de concorrência, as empresas cujas composições orgânicas do capital não eram tão altas (aqui nos referimos às empresas menores) são obrigadas a alcançar os níveis de composição das empresas mais avançadas. Isso processa certo equilíbrio nas taxas de lucro, promovendo uma concorrência brutal entre os capitalistas para não permitir que a taxa de seus lucros entre em queda.

A Lei Geral da Acumulação Capitalista, por sua vez, demonstra que o deslocamento de maior investimento do capital em sua parte constante e o declínio de sua parte variável ocorrem em virtude do desenvolvimento progressivo das forças produtivas e de um maior incremento na parte constante do capital (meios de produção) – somados aos movimentos cíclicos do capital. Contudo, isso não reduz a extração da mais-valia. Esse processo que gera riqueza para os capitalistas é o mesmo que gera a pauperização da classe trabalhadora e o consequente exército industrial de reserva.

Para saber mais

CARCANHOLO, R. (Org.). **Capital**: essência e aparência. São Paulo: Expressão Popular, 2011. v. 1.

O livro apresenta, em uma linguagem bastante didática, explicações mais aprofundadas sobre as categorias fundamentais das relações sociais de produção capitalistas.

MARX, K. **O capital**: crítica da economia política. 9. ed. Tradução de Reginaldo Sant'Anna. São Paulo: Difel, 1984. Livro 1. v. 1 e 2.

Nesse livro clássico, Karl Marx analisa os fundamentos do capital e do capitalismo, com explicações minuciosas e detalhadas sobre a crítica à economia política.

NETTO, J. B. P.; BRAZ, M. **Economia política**: uma introdução crítica. São Paulo: Cortez, 2006. (Biblioteca Básica de Serviço Social, v. 1).

O livro compõe a biblioteca básica do Serviço Social. Extremamente didáticos, os autores analisam, em uma perspectiva crítica, categorias da economia política que são mais importantes para os assistentes sociais.

Questões para revisão

1. O método de Marx apresenta três categorias fundamentais: totalidade, mediação e contradição. Sobre a categoria *mediação*, é correto afirmar:
    a) Refere-se à busca de consenso entre as classes sociais.
    b) Refere-se aos aspectos negativos da realidade social.
    c) Refere-se a condutos de passagens para conhecer a realidade social.
    d) Refere-se à intermediação de conflitos sociais que configuram as relações sociais de produção capitalistas.

2. Sobre as modalidades que compõem o exército industrial de reserva, é correto afirmar:
   a) A superpopulação flutuante se refere aos desmoralizados, aos degradados e aos incapazes de trabalhar por situações diversas (velhice, enfermidades etc.).
   b) O lumpemproletariado se refere aos trabalhadores que alternam suas relações de trabalho entre o campo e a cidade.
   c) A superpopulação latente se refere aos trabalhadores que participam mais intensamente dos ciclos industriais.
   d) A superpopulação estagnada é reconhecida principalmente pelo trabalho em domicílio.

3. Com relação à mais-valia, é correto afirmar:
   a) A mais valia-absoluta promove o barateamento do trabalhador, na medida em que reduz o tempo de trabalho necessário.
   b) A mais-valia relativa está vinculada à inovação tecnológica e permite a redução do trabalho excedente.
   c) A mais-valia absoluta, na contemporaneidade, pode ser visualizada nas horas extras realizadas pelos trabalhadores.
   d) A mais-valia relativa se refere à extensão da jornada de trabalho.

4. O que você entendeu sobre o conceito de crítica presente no método de Marx?

5. Diante do exposto neste capítulo, explique qual é a importância da seguinte fórmula: $c + v + m$.

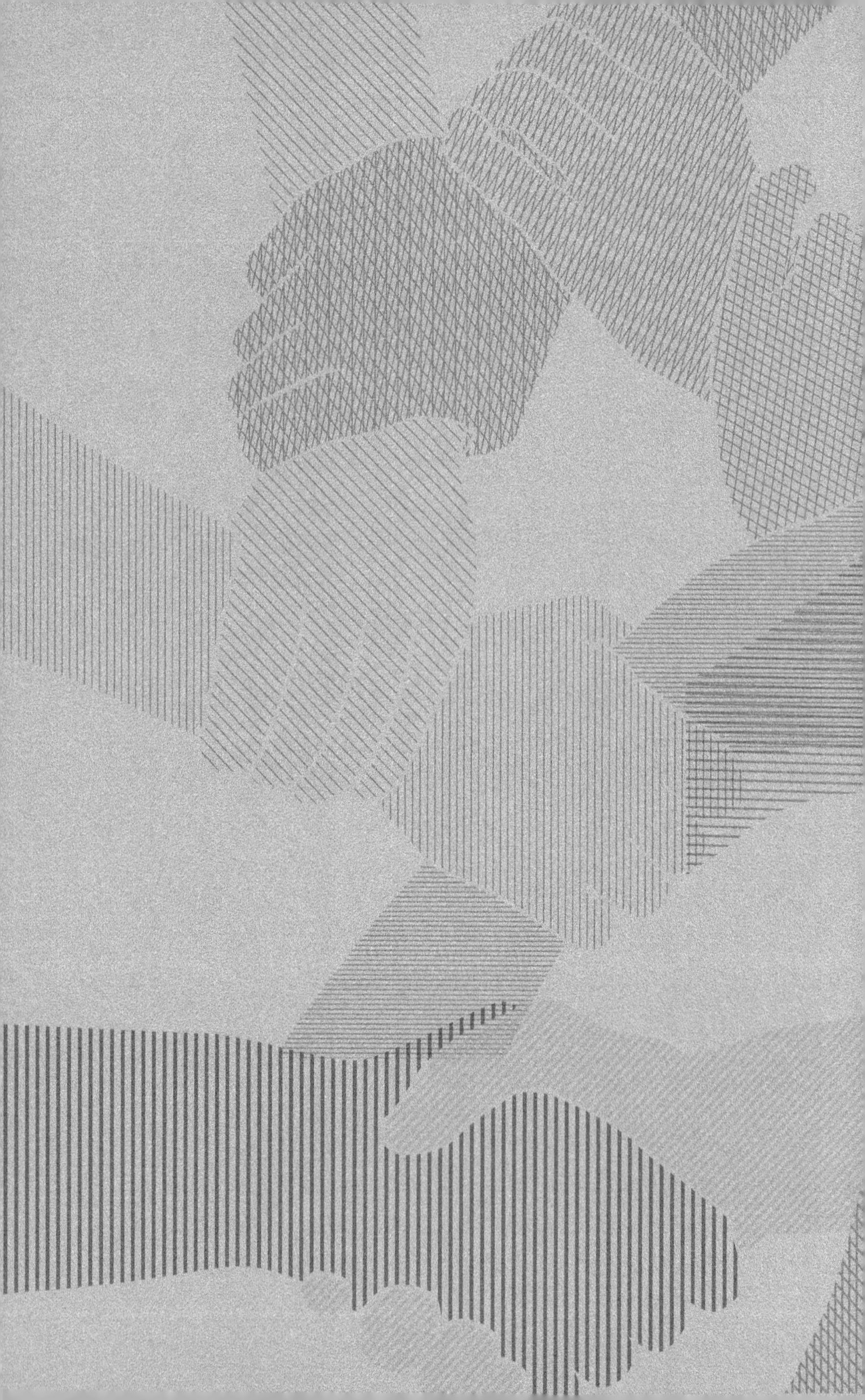

CAPÍTULO 2

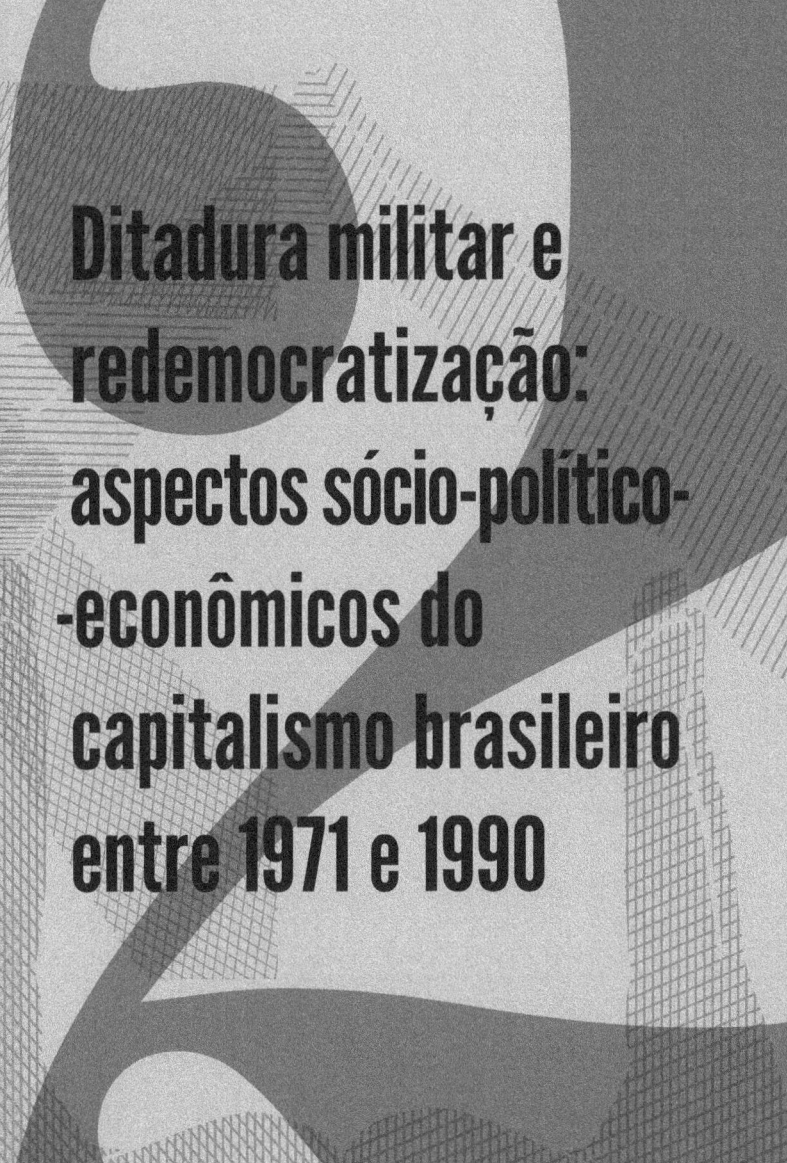

Ditadura militar e redemocratização: aspectos sócio-político-econômicos do capitalismo brasileiro entre 1971 e 1990

Conteúdos do capítulo:

- Esgotamento do "milagre econômico" diante da crise econômica mundial dos anos 1974 e 1975.
- Promoção da anistia política.
- Abertura política e processo de transição para a atual fase democrática do país.

Após o estudo deste capítulo, você será capaz de:

1. compreender os principais aspectos do governo de Ernesto Geisel;
2. compreender os principais aspectos do governo de João Batista Figueiredo;
3. compreender o processo de redemocratização no Brasil;
4. entender a perspectiva neoliberal.

Neste capítulo, vamos analisar o período da ditadura militar entre os anos de 1974 e 1985 e o da redemocratização, entre os anos de 1985 a 1990. Trata-se de um período que, no aspecto econômico, englobou a crise econômica mundial de 1974-1975, a qual pôs fim aos anos dourados do capitalismo ocidental que vigoravam desde o final da Segunda Guerra. Podemos afirmar, ainda, que a crise abalou o denominado "milagre econômico" brasileiro.
No aspecto político, a ditadura teve de enfrentar o crescimento progressivo de manifestações populares e movimentos sociais que reivindicavam seu fim. Vale salientar que o aprofundamento sobre a ditadura militar de 1964 em nosso país é importante porque nos remete a um momento conjuntural de intensas polêmicas ideopolíticas no interior do Serviço Social brasileiro, como veremos no Capítulo 3. Portanto, apresentamos, neste capítulo, uma breve contextualização sócio-histórica de grande relevância para desvelar as particularidades do Serviço Social no Brasil.

2.1 Governo Ernesto Geisel

No governo de Ernesto Geisel (1974-1979), teve início o processo de declínio dos elementos mais arbitrários da ditadura militar, o que não significou ainda seu colapso. Na economia, o "milagre econômico" começou a dar sinais de esgotamento e, no aspecto sociopolítico, observou-se um lento, porém progressivo, reavivamento das lutas sociais dos sindicatos e dos movimentos sociais. No tocante às políticas públicas, o período não apresentou mudanças significativas para nosso estudo, visto que apenas foram implementadas algumas políticas já existentes.

Quanto ao aspecto econômico, salientamos que o cenário internacional já começava a enfrentar a crise estrutural do capitalismo, consolidada em meados da década de 1970, com o aumento exponencial do preço do petróleo em escala mundial. A inflação generalizada reduziu a taxa de lucro de todo o mercado mundial, gerando desemprego e alto custo de vida em todos os países capitalistas, não sendo possível ao capital controlar a crise que se propagava. Ou seja, o capitalismo passou a enfrentar uma fase de desaceleração econômica, alta da inflação e crise.

Nesse contexto, Netto (2014) indica que a saída de Geisel foi elaborar o II Plano Nacional de Desenvolvimento (PND). Esse plano revelava uma mudança nas relações internas e externas brasileiras, pois

> além de admitir a existência de "bolsões de miséria" no país, reconheceu os estrangulamentos e as assimetrias comprometedoras do "milagre", bem como os limites do capital privado nacional para incrementar a sua taxa de investimento – por isto, a concepção do II PND privilegiava a **ênfase na produção de bens de capital, na ampliação da base do sistema industrial com forte investimento na produção de insumos por via das empresas estatais (com o papel do setor estatal dependendo do financiamento externo) e no aumento do grau de inserção da economia brasileira no conjunto da divisão internacional do trabalho**. Evidentemente, parte dos componentes do II PND implicava um reposicionamento do país nas relações internacionais. (Netto, 2014, p. 188, grifo do original)

Diante da crise econômica que se aproximava, no âmbito sociopolítico, Geisel apresentou um projeto de retomada lenta e gradual da democracia no país. Isso representava a continuidade da repressão política, porém com a intenção de amenizá-la perante a opinião pública, o que deveria realizar-se sob a preservação do regime militar. Isto é, Geisel sabia que, para manter o regime, teria de suavizar vários aspectos do projeto ditatorial posto em prática nos governos anteriores, sob o risco de enfrentar algum tipo de revolta popular.

Somava-se a isso o fato de que o governo norte-americano também enfrentava um período de grandes questionamentos por parte de sua própria população e da de outros países e, também, por denúncias de corrupção e espionagem. A saída para a manutenção da hegemonia norte-americana foi disseminar o fortalecimento da democracia e dos direitos humanos. Obviamente, esse discurso atingia as ditaduras latino-americanas apoiadas desde o início por aquele país.

Nesse sentido, Netto (2014) explica que a adoção de uma política de direitos humanos iniciada no governo de Jimmy Carter em 1977 e o fortalecimento dos partidos de esquerda na Europa Ocidental no mesmo período contribuíram decisivamente para o enfraquecimento das ditaduras, que temiam ficar isoladas dos processos político-econômicos internacionais. O autor explica que

> o governo Carter deixou de respaldar, nos organismos internacionais, as ditaduras e os seus aparatos repressivos e estimulou, nos países vitimados pela violência estatal, os movimentos em defesa da integridade física de dissidentes. Se se leva em conta que uma defesa similar já tinha curso na Europa [...], pode-se imaginar como se aprofundou então o desprestígio e o isolamento internacionais dos regimes ditatoriais do Cone Sul latino-americano. Na Europa, [...] em meados dos anos 1970, constatava-se o deslocamento de amplos setores sociais para o campo eleitoral da esquerda [...]. Mas fundamentais foram a derrubada do salazarismo português pela Revolução dos Cravos (abril de 1974), o fim da sinistra "ditadura dos coronéis" na Grécia (julho de 1974) e a transição espanhola do franquismo a uma democracia política (1976-1978). (Netto, 2014, p. 186)

Nesse panorama, é importante deixar claro que a proposta de retomada da democracia no Brasil não representava aquilo que conhecemos como *democratização* nos dias atuais, nem mesmo a democracia representativa. Na verdade, tratava-se apenas de uma estratégia para a conservação do regime militar, o qual já reconhecia que a abertura política era a única maneira de preservá-lo no poder.

Assim, foram marcadas eleições diretas para senadores e deputados federais e estaduais para novembro de 1974, acreditando-se que o regime militar contava com alguma estabilidade. Entretanto, o resultado inesperado para o regime consagrou a vitória no Senado do Movimento Democrático Brasileiro (MDB) sobre o partido do presidente, a Aliança Renovadora Nacional (Arena). Nas demais instâncias, Câmara Federal e Assembleias Estaduais, a Arena saiu vitoriosa, mas com pouca vantagem de votos.

Nesse momento, a tolerância do regime militar ao MDB não se estendia aos partidos comunistas. Tanto os militantes do Partido Comunista Brasileiro (PCB) quanto aqueles do Partido Comunista do Brasil (PCdoB) continuaram a ser perseguidos, torturados e mortos, em um contexto em que a própria hierarquia militar já havia perdido, de alguma forma, o controle pelos métodos hediondos que permaneciam dentro e fora dos "porões da ditadura".

Contudo, desde o início dos anos de 1970, gestava-se a revitalização do sindicalismo brasileiro. Desse modo, essa retomada política contribuiu para a lenta e gradual redemocratização em nosso país.

2.2 Governo João Batista Figueiredo

Após o governo Geisel, assumiu João Batista Figueiredo (1979-1985), lembrado como o último presidente da ditadura militar. Quando Figueiredo assumiu o governo, o regime militar já estava praticamente esgotado. Nesse momento, alguém tinha de realizar um período de transição como forma de aparentar que foram os próprios militares que promoveram a redemocratização. Na verdade, o esgotamento do regime se deu em função da progressiva resistência popular diante do arrocho salarial, da arbitrariedade e dos procedimentos desumanos que ocorreram ao longo da ditadura.

Na esfera econômica, vinha ocorrendo uma queda acentuada na capacidade de pagamento da dívida externa. O país entrou em recessão, acompanhando a crise econômica mundial iniciada em 1974-1975. Entre 1980 e 1982, a crise se aprofundou, com o segundo choque do petróleo, o que aconteceu a partir da elevação da taxa de juros por parte do governo norte-americano. Netto (2014) esclarece que:

> Um quadro profundamente recessivo nos países capitalistas centrais se configurou, novamente, entre 1980 e 1982, com o chamado "segundo choque do petróleo" já se fazendo sentir desde 1979 (e, à época, o Brasil era o terceiro importador mundial de petróleo). Ao mesmo tempo, a decisão norte-americana (o FED, espécie de banco central) de elevar as taxas de juros impactou duramente os países latino-americanos, em especial aqueles com dívidas externas contraídas majoritariamente a juros flutuantes, como o Brasil – e já com a "assessoria" (mais precisamente: sob o comando) do **Fundo Monetário Internacional/FMI, em dezembro de 1982, a ditadura, formalmente, foi obrigada a reconhecer o fracasso do seu "modelo econômico"** e da sua gestão, ao declarar **uma moratória** (parcial porque incidente apenas sobre as amortizações, uma vez que os juros, o principal interesse dos banqueiros imperialistas,

continuaram a ser obsequiosamente pagos). Não se esqueça que, sob tais condições - e com o governo Figueiredo e a direção econômica de Delfim Netto –, **a dívida externa brasileira saltou de 49,9 bilhões de dólares (1979) para 91 bilhões de dólares (dezembro de 1984)**. (Netto, 2014, p. 213, grifo do original)

Mas existiram questões internas também. Os sindicatos e os movimentos sociais vinham se rearticulando desde o início dos anos de 1970 e, no final dessa década, já não se podia bloquear a intensidade da insatisfação popular. A estrutura de classes no país havia passado por algumas mudanças. A continuidade do processo de industrialização pesada, articulado com o capital imperialista e os primeiros processos de privatização de alguns setores da economia, reconfigurou a luta de classes, com base, sobretudo, na resistência da classe trabalhadora ao regime militar.

Naquela conjuntura, ocorreram dois movimentos sociopolíticos muito importantes para a particularidade da redemocratização brasileira. O primeiro foi a **anistia política** de 1979, sob a Lei n. 6.683, de 28 de agosto de 1979 (Brasil, 1979). O retorno dos exilados à vida pública do país permitiu-lhes a retomada da militância política e mobilizou a ampliação da participação política de outros setores importantes da sociedade civil, principalmente dos movimentos sociais e dos sindicatos.

A **organização sindical dos trabalhadores brasileiros** é o segundo aspecto importante da redemocratização, iniciada com a combatividade dos movimentos sindicais do ABC paulista. Foi essa organização, aliás, que deu o tom do que veio a se denominar "novo sindicalismo". Houve a manifestação dos trabalhadores por meio de variadas formas de paralisações e greves, marcando uma postura renovada e combativa que ampliava o caráter político dos sindicatos para o confronto explícito à exploração capitalista. O fortalecimento da organização política dos trabalhadores, iniciado em 1978, culminou com a constituição do Partido dos Trabalhadores (PT), em 1980, tendo como principal liderança Luiz Inácio Lula da Silva. Os sindicatos organizados criaram, ainda, em 1983, a Central Única dos Trabalhadores (CUT) e, em 1984, foi criado o Movimento dos Trabalhadores Rurais Sem Terra (MST).

Esses movimentos políticos tiveram grande influência para o Serviço Social brasileiro, que, em 1979, em seu III Congresso Brasileiro de Assistentes Sociais, realizado no Centro de Convenções do Anhembi, em São Paulo (SP), adotou aberta e coletivamente uma postura político-ideológica de oposição ao regime militar. Esse Congresso ficou marcado no processo sócio-histórico da profissão como o Congresso da Virada, assunto que aprofundaremos no Capítulo 3.

Vale lembrar que organização dos trabalhadores rurais teve papel decisivo na criação da CUT. O movimento sindical rural

> vivenciou um significativo desenvolvimento nas últimas décadas do [século XX], especialmente pela ação da esquerda católica, o que conferiu ao **novo sindicalismo** e ao movimento das oposições sindicais a presença central do proletariado rural e dos pequenos proprietários expulsos da terra em função da concentração fundiária. (Antunes, 1995, p. 29, grifo do original)

A criação da CUT levou ao fomento de outras centrais, como a Central Geral dos Trabalhadores (CGT), em 1983, e a Força Sindical (FS), em 1991, esta última mais aliançada com o governo e com o patronato, como veremos adiante ao abordar o neoliberalismo no Brasil.

No entanto, se, por um lado, essa pluralidade sindical pôde representar maior liberdade e autonomia aos sindicatos, por outro, ela foi responsável pela fragmentação das lutas da classe trabalhadora, pois acabou por obstruir a coesão necessária na correlação de forças políticas com a classe capitalista nacional e internacional, bem como com os aparelhos de controle do Estado. Ainda assim, no contexto brasileiro, a CUT mantém certa predominância em relação às outras centrais até os dias atuais, tanto em termos de representatividade quanto em termos de combatividade sindical.

De todo modo, devemos ressaltar a importância da década de 1980 para a história sindical brasileira do século XX, que ficará registrada como a década que marcou o ressurgimento das greves gerais no país, experiência que havia sido tolhida em 1964. Trata-se de um cenário de intensa mobilização da classe trabalhadora, impulsionada pela reabertura política e por práticas redemocratizantes.

Nessa década, ocorreu também uma revitalização dos partidos de esquerda, inclusive dos partidos comunistas, que, ainda no período de João Figueiredo, mantinham-se na clandestinidade, mesmo em condições um pouco mais favoráveis do que nos períodos militares anteriores.

Foi nesse contexto que o governo João Figueiredo sofreu um desgaste progressivo e promoveu eleições gerais em 1982 (com exceção para as prefeituras das capitais e áreas de segurança nacional). Nessas eleições, muito embora os partidos de oposição não tenham obtido uma vitória geral nas urnas, aquelas que foram alcançadas alteraram o cenário político, enfraquecendo ainda mais o regime militar.

Essa fase de transição política deve ser visualizada como uma grande conquista dos partidos de oposição e dos sindicatos sobre o regime militar, visto que o contexto ainda era marcado pela ditadura. No período, as condições de articulação e de mobilização dos partidos progressistas eram bastante desiguais em relação às do partido que representava o governo, que, na época, era o Partido Social Democrata (PSD). Por isso, Netto (2014, p. 234) oferece a seguinte análise:

> Outro dado expressivo foi o fato de o PT, que obteve uma votação abaixo do esperado, conseguir estruturar-se nacionalmente, lançando chapas completas em praticamente todas as unidades da Federação (exceto, apenas, em Alagoas). Ademais, o simples fato de as oposições terem conquistado o governo de importantes estados – independentemente da diferenciação já existente entre os oposicionistas do PMDB, claramente divididos entre segmentos mais conservadores e mais avançados – alterava de maneira significativa o mapa político do país: o espaço político-institucional do regime via-se nitidamente estreitado.

Em um cenário de insatisfação generalizada, seja no aspecto socioeconômico, seja no sociopolítico, a sucessão do presidente João Figueiredo foi marcada por uma pressão pela redemocratização no país. Desde 1983, partidos progressistas, sindicatos e movimentos sociais participaram ativamente do movimento pelas eleições diretas no país, batizado de "Diretas Já", o que foi manipulado e postergado pela Câmara Federal para 1988. Esse movimento teve como característica a mobilização de milhares de brasileiros pelo voto direto para presidente.

Em 1984, a população reivindicava do Poder Legislativo a aprovação da Emenda Dante de Oliveira, uma proposta de autoria do deputado federal Dante de Oliveira (PMDB-MT) que requeria o restabelecimento do direito a eleições diretas. A campanha pelas "Diretas Já" terminou sem a garantia de conquista do voto direto para presidente, pois a emenda não conquistou os dois terços dos votos dos deputados necessários para sua aprovação. Porém, Tancredo Neves, candidato apoiado pelo povo, venceu as eleições indiretas.

Assim, em 15 de janeiro de 1985, o Congresso Nacional elegeu, pela via indireta, Tancredo Neves para o cargo de presidente da República, sendo o vice-presidente José Sarney. Contudo, Tancredo Neves faleceu quinze dias antes da posse, e esse fato levou Sarney à presidência, quando conseguiu ampliar seu mandato para cinco anos, permanecendo no poder entre 1985 e 1989.

2.3 Redemocratização brasileira

O intenso movimento pelas "Diretas Já", a revitalização partidária e as greves dos sindicatos representaram uma renovação na democratização das relações sociais, políticas e econômicas no Brasil. O desenvolvimento sociopolítico se alastrou por toda a sociedade brasileira, (re)ativando vários movimentos sociais de base popular, organizados em torno das situações comunitária, educacional, ambiental, entre outras. A efervescência política era imensa e, como explica Fontes (2010), naquele contexto de luta de classes, ocorreu o primeiro surto de organizações não governamentais no Brasil (ONGs). Segundo a autora,

> As ONGs se queriam "originais", mas nasciam em terreno já ocupado, de um lado pelas entidades empresariais já estabelecidas, de outro por uma variedade de entidades sociais populares embrionárias e de sua imantação pelo tripé então constituído pelo PT, CUT e MST. As Comunidades Eclesiais de Base (CEBs) tiveram papel importantíssimo na prefiguração dessas lutas sociais, através da constituição e consolidação de uma

associatividade de base popular, de escopo nacional, constituída ainda sob a ditadura civl-militar. [...] A maior parte dos movimentos sociais mantinha [...] forte cunho popular e, nesse sentido, permanecia nitidamente em terrenos contra-hegemônicos. Concentravam-se nas CEBs, nas Associações de Moradores, em pequenas associações antirracistas, antissexistas, antiautoritárias e nas novas associações que se autodenominavam ONGs. (Fontes, 2010, p. 234-235)

Os partidos políticos, os sindicatos e os movimentos sociais participaram ativamente, também, do processo constituinte de 1988. A pressão dos sindicatos foi fundamental para incluir "novos direitos trabalhistas como a redução da jornada, a regulamentação do trabalho em turnos, a licença maternidade, entre outros" (Matos, 2009, p. 132). Siqueira Neto (1992) faz uma sistematização das principais conquistas trabalhistas presentes na Constituição Federal de 1988 (Brasil, 1988):

Com a promulgação da Constituição Federal em 05 de outubro de 1988, inaugurou-se uma nova fase do Direito do Trabalho brasileiro. Os efeitos dessa alteração ainda não se apresentam como definitivos, contudo, a partir da Constituição de 1988, as principais manifestações legislativas são: a lei sobre política salarial (1989); a fixação do salário mínimo previsto na Constituição (1989); a nova lei de greve (1989); a lei que institui o regime jurídico único dos servidores públicos federais (1990); a alteração da lei sobre o FGTS (Fundo de Garantia por Tempo de Serviço) (1990); a lei sobre trabalho da mulher, atualização de multas e inspeção trabalhistas (1989). (Siqueira Neto, 1992, p. 11)

Assim, a Constituição de 1988 pode, de fato, ser considerada a constituição mais democrática entre as sete constituições já elaboradas no país, em razão da maior participação e decisão da sociedade civil organizada em seus protocolos e da ampliação de direitos sociais e trabalhistas. Porém, devemos ressaltar que seus desdobramentos posteriores já denunciavam inúmeras definições de caráter conservador, que viriam a corroborar a invasão neoliberal na economia e nas políticas públicas e sociais brasileiras.

Com relação à crise econômica, podemos afirmar que aquela crise mundial da década de 1970 afetou efetivamente o Brasil somente a partir da década de 1980, com o esgotamento do processo de substituição de importações, que foi um procedimento político-econômico bastante utilizado no período desenvolvimentista de Vargas – e também com o esgotamento do fundo público. Em outras palavras, a chamada "década perdida" (1980) caracterizou-se pela progressiva inflação, "que passou de 94,9% em 1981 para 227,9% em 1984 e para 242,7% em 1985" (Nakatani; Oliveira, 2010, p. 22).

Para conter o processo inflacionário, o primeiro governo pós-ditadura, sob o comando de José Sarney, elaborou o Plano Cruzado. Nakatani e Oliveira (2010) explicam que foi um plano que congelou os preços e os salários, tendo como referência a média de salários dos últimos seis meses. Incorporou-se um aumento de 8% para os salários em geral e 16% para o salário mínimo. O governo Sarney criou uma moeda nova denominada *cruzado*. Além disso, implantou um reajuste automático aos salários, denominado *gatilho salarial*, para todas as vezes que a inflação ultrapassasse 20%. Houve, ainda, o congelamento de aluguéis e as hipotecas pelo valor médio dos últimos seis meses, entre outras medidas que visavam a conter a inflação.

Ao Plano Cruzado seguiram-se vários outros, com formatos e conteúdos distintos, em busca dos mesmos objetivos:

> o Cruzadinho (07/1986); o Cruzado II; o Plano Bresser (06/1987); o Programa denominado 'feijão com arroz' (1989), do ministro Maílson da Nóbrega; e o Plano Verão (01/89), com nova troca de moeda. Nenhum deles conseguiu domar o processo inflacionário: nesse período, a inflação estimada pelo Índice Geral de Preços/Disponibilidade Interna – IGP-DI – passou de 431,9% em 1987 para 1.117,9% em 1988, e para 2.012,6% em 1989. Em contrapartida, a taxa de crescimento do PIB ingressou numa trajetória de queda depois de ostentar níveis elevados entre 1984 e 1986: caiu para 3,5% em 1987, – 0,1% em 1988, e para 3,2% em 1989. (Nakatani; Oliveira, 2010, p. 22)

Entretanto, nenhuma das medidas adotadas foi suficiente para resolver a questão da inflação no Brasil na década de 1980.

No aspecto político, somente em 1989 ocorreu a primeira **eleição direta** para presidente da República desde o fim do regime militar. O vencedor foi Fernando Collor de Mello, que intensificou a liberalização dos mercados, em um processo que ficou conhecido como **neoliberalismo**.

> **Questões para reflexão (I)**
>
> 1. Quais foram os principais aspectos da fase de transição do regime militar para a redemocratização no Brasil?
>   **Dica**: lembre-se do esgotamento do "milagre econômico".
> 2. Quais foram as principais leis implantadas no período entre 1971 e 1990 que favoreceram os trabalhadores?
>   **Dica**: considere a sistematização elaborada por Siqueira Neto (1992).

2.4 Neoliberalismo no mundo

Para elucidarmos o que é neoliberalismo e sua influência para o Serviço Social brasileiro, recorremos à historiografia apresentada por Perry Anderson, segundo o qual "O neoliberalismo nasceu logo depois da II Guerra Mundial, na região da Europa e da América do Norte, onde imperava o capitalismo. Foi uma reação teórica e política veemente contra o Estado intervencionista e de bem-estar [social]" (Anderson, 1995, p. 9). Ou seja, conforme o pensamento do autor, trata-se de uma perspectiva **antikeynesiana** que entende a regulamentação e a intervenção estatal como aspectos limitadores do crescimento econômico e da expansão da acumulação capitalista.

O texto de origem da proposta neoliberal é *O caminho da servidão*, escrito em 1944 por Friedrich Hayek. Sua tese reflete os temores diante da ascensão das teorias keynesianas, que o autor acreditava estarem enfraquecendo as forças do mercado capitalista mundial, sobretudo inglesas e americanas. A ideia central era que o Estado de bem-estar, ao regulamentar e intervir nas relações econômicas, adotava práticas próximas demais às do socialismo, o que, para ele, colocaria a sociedade capitalista em um caminho de servidão moderna, tendo em vista que o socialismo enfraquecia a vitalidade da concorrência.

Os argumentos de Hayek focalizam o poder excessivo que os sindicatos teriam adquirido no interior do Estado de bem-estar. Para ele, isso solapava o processo de acumulação capitalista em função de reivindicações por aumentos salariais e, também, pelo aumento de gastos sociais em políticas de proteção social.

Hayek (2010) argumentava, ainda, que a desigualdade seria um componente motivador para as relações de competitividade inerentes ao liberalismo econômico. Mais tarde, em 1962, as propostas de Hayek foram reafirmadas por Milton Friedman em *Capitalismo e liberdade*, tornando-se este último o autor neoliberal de maior referência na contemporaneidade.

Entretanto, no período pós-guerra, o capitalismo entrava em uma onda longa de expansão econômica, e as teses de Hayek não repercutiram, tampouco poderiam ser incorporadas pelos países capitalistas, que vivenciavam os "anos gloriosos" de desenvolvimento de suas economias pautadas no **fordismo-keynesianismo**. Somente com a crise econômica desencadeada na década de 1970 é que as ideias neoliberais começaram a tomar força como uma possibilidade revitalizadora do capital em crise.

Assim, o neoliberalismo se incorporou, progressivamente, na agenda sócio-político-econômica dos países capitalistas, tendo início em 1979, no governo de Margaret Thatcher, na Inglaterra. Foi seguido pelo governo de Ronald Regan, nos Estados Unidos, e, logo depois, por Helmut Kohl, após sua vitória eleitoral na Alemanha Ocidental, em 1982. A partir daí, com exceção da Áustria e da Suécia, praticamente todos os países do norte da Europa Ocidental adaptaram o modelo de acordo com suas particularidades.

O núcleo central do ideário se refere a uma disciplina orçamentária, que prevê a contenção de gastos com políticas sociais e a desregulamentação do trabalho como estratégia para ampliação da mais-valia. Desse modo, admite-se explicitamente um plano para ampliar as taxas de lucro do capital em crise à custa da pauperização da classe trabalhadora.

É importante lembrar o componente político anticomunista que acompanha o ideário, afinal, ele colabora para a manutenção de um perfil conservador, agressivo e desconstrutor das conquistas duramente alcançadas pelas classes trabalhadoras dos países capitalistas, sobretudo dos países dependentes.

Essa dimensão anticomunista fortaleceu uma onda de "direitização" política na maioria dos países que adotaram a liberalização da economia. Para Braga (1996, p. 214), isso se refletiu na "confiança cega nas leis e nos valores do mercado, isto é, na capacidade de se alcançar certa 'harmonia social' mediante a regulamentação das relações mercantis, no egoísmo do individualismo exacerbado, enfim, no dogma de que não existe solução para além da racionalidade burguesa".

Foi assim que a incorporação da desregulamentação iniciada na Inglaterra da era Thatcher fez com esse modelo se tornasse o mais "puro", até porque foi o mais ortodoxo. De acordo com Anderson (1995, p. 12), as medidas neoliberais na Inglaterra levaram à contração da

> emissão monetária, elevaram as taxas de juros, baixaram drasticamente os impostos sobre os rendimentos altos, aboliram controles sobre os fluxos financeiros, criaram níveis de desemprego massivos, aplastaram greves, impuseram uma nova legislação antissindical e cortaram gastos sociais. E, finalmente – esta foi uma medida surpreendentemente tardia –, se lançaram num amplo programa de privatização, começando por habitação pública e passando em seguida a indústrias básicas como o aço, a eletricidade, o petróleo, o gás e a água. Esse pacote de medidas é o mais sistemático e ambicioso de todas as experiências neoliberais em países de capitalismo avançado.

Já nos Estados Unidos, onde não vigorou um Estado de bem-estar nos moldes europeus, a prioridade neoliberal foi mais intensa na esfera político-ideológica, com estratégias militares voltadas para o enfraquecimento da economia soviética e para a derrocada do regime comunista. Isso não significa que Ronald Regan não tenha adotado políticas econômicas restritivas nos moldes neoliberais, afinal,

> ele reduziu os impostos em favor dos ricos, elevou as taxas de juros e aplastou a única greve séria de sua gestão. Mas, decididamente, não respeitou a disciplina orçamentária, ao contrário, lançou-se numa corrida armamentista sem precedentes, envolvendo gastos militares enormes, que criaram um déficit público muito maior do que qualquer outro presidente da história norte-americana. (Anderson, 1995, p. 12)

Na verdade, economicamente, em todos os países capitalistas as taxas de lucro crescente do pós-Segunda Guerra já começavam a declinar desde fins da década de 1960.

Para a classe trabalhadora dos países que, de alguma forma, incorporaram princípios neoliberais, os resultados foram um retrocesso histórico, com o aumento nos índices de desemprego, da desigualdade social e da pobreza, incluindo os países do eixo imperialista.

A política privatista neoliberal do governo Thatcher, por exemplo, levou muitas famílias a perder suas possibilidades de aquisição da casa própria. Harvey (2012) menciona que a habitação popular foi uma das primeiras políticas a serem privatizadas por Margaret Thatcher. Conforme o autor,

> à primeira vista, isso pareceu uma dádiva para as classes inferiores, que poderiam passar de locatárias a proprietárias a um custo relativamente baixo, obtendo o controle de um valioso ativo e aumentando suas posses. Mas, tão logo essa mudança de condição ocorreu, teve início a especulação imobiliária, particularmente nos locais centrais mais valorizados, à qual se seguiram o tráfico de influência, a enganação pura e simples ou a expulsão de populações de baixa renda para as periferias das cidades como Londres, transformando antigos conjuntos habitacionais destinados à classe trabalhadora em centros de intensa ocupação de imóveis pelas classes médias [*gentrification*]. A perda de habitações a preços acessíveis levou ao surgimento de cidadãos sem-teto e da anomia social em muitos ambientes urbanos. Na Inglaterra, a subsequente privatização dos serviços (água, telecomunicações, eletricidade, energia, transporte), a liquidação de empresas públicas e a moldagem de muitas outras instituições públicas (como as universidades) de acordo com uma lógica comercial, levaram à radical transformação do padrão dominante de relações sociais e a uma redistribuição de ativos que favoreceu cada vez mais antes as classes altas do que as baixas. (Harvey, 2012, p. 131)

No final das contas, em quase todos os países capitalistas avançados, sobretudo europeus, o neoliberalismo não trouxe os resultados esperados, ou seja, não alavancou os índices de emprego. Além disso, seu núcleo duro, representado pelas privatizações e pela redução dos gastos públicos, não reduziu os níveis de desigualdade social, tampouco de pauperização, expressões clássicas da "questão social". Para termos uma ideia, "após cerca de 8 anos de crescimento, o desemprego alcançava em 1990 duas vezes os níveis das décadas de 60 e 70" (Mattoso, 1992, p. 4).

Há alguns desdobramentos que particularizam o neoliberalismo nos países latino-americanos. No Chile e na Argentina, por exemplo, o projeto neoliberal teve início com o apoio que as ditaduras militares receberam dos Estados Unidos, em 1973 e 1976, respectivamente. Nos demais países, mesmo com alguns processos embrionários que já apontavam para o esgotamento do projeto nacional desenvolvimentista, aqui iniciado na Era Vargas, o neoliberalismo somente se consolidou a partir da década de 1990, como é o caso do Brasil. Trataremos desse assunto a seguir.

2.5 Neoliberalismo no Brasil

Como vimos no Capítulo 1, a década de 1980 em nosso país representou o período de **redemocratização**, porém, em termos econômicos, apresentou profundas contradições, sendo considerada por muitos como a "**década perdida**". Foram justamente essas contradições que possibilitaram a um grupo de jovens intelectuais ocupar espaço no interior das instituições do governo federal, assumindo e disseminando a ideologia (neo)liberal já dominante nos países capitalistas imperialistas. A maioria dos intelectuais realizou seus estudos nos Estados Unidos e ocupou posições importantes no Banco Mundial (BM), no Banco Interamericano de Desenvolvimento (BID) e em outras instituições financeiras internacionais. Nakatani e Oliveira (2010, p. 23) analisam que, com essas credenciais, esses especialistas

> estabeleceram amplos canais de relacionamento e um intenso trânsito entre postos ocupados no aparelho estatal brasileiro e instituições bancárias e financeiras, tanto nacionais quanto internacionais. Destacaram-se no período os economistas André Lara Rezende, Pérsio Arida, Eduardo Modiano, Edmar Lisboa Bacha, Pedro Malan, Francisco Lopes e muitos outros. Em sua maior parte saíram das universidades para o governo e, depois, se tornaram dirigentes ou consultores de bancos e instituições

financeiras. Alguns passaram pela direção de bancos ou instituições financeiras internacionais antes de chegarem ao governo. Por exemplo, Pedro Malan foi diretor do BID e do Banco Mundial; Paulo Renato de Souza foi vice-presidente do BID.

Vale esclarecer que estávamos entrando em um momento em que o planejamento econômico mantinha prioridade absoluta entre as questões de Estado, porém, dessa vez, para encontrar estratégias de redução em suas variadas formas de regulação econômica, as proposições estavam vinculadas ao denominado *Consenso de Washington*.

O Consenso de Washington foi uma reunião dos principais dirigentes financeiros internacionais, realizada em 1989 na cidade de Washington, e ficou conhecido por ter estabelecido os protocolos de ajustes neoliberais para os países latino-americanos. Por esse motivo, entende-se que o conjunto de medidas denominadas *neoliberais* acabou por subordinar o Brasil e os demais países latino-americanos às exigências da nova ordem mundial, sob os ditames dos organismos internacionais e de agências multilaterais, coordenados pelo Fundo Monetário Internacional (FMI) e pelo Banco Mundial.

O cenário de ajustes neoliberais que alterou o papel do Estado e dominou o mundo a partir da década de 1980 – que teve como referenciais extremos a Inglaterra de Margaret Thatcher e os Estados Unidos de Ronald Regan – chegou ao Brasil como um receituário de modernização capitalista liberal e ultraconservadora a partir da década de 1990, com a vitória eleitoral, em 1989, de Fernando Collor de Mello. Muito embora os militares tenham adotado algumas medidas neoliberais, não era o que predominava no conjunto das políticas socioeconômicas e, por isso, a emergência do neoliberalismo no Brasil é considerada um processo tardio quando comparado a outros países, inclusive da América Latina. Nesse caso, é importante ressaltar que, na década de 1980, o receituário neoliberal já era aplicado, de modo hegemônico, em importantes países da América Latina, como Chile, Bolívia, México e Argentina.

O ideário neoliberal prevê a redução da intervenção do Estado nas relações socioeconômicas de um país como estratégia de equilíbrio econômico, ou seja, confronta a perspectiva keynesiana. Nesse sentido, o **Estado deve ser mínimo**, no sentido de reduzir progressivamente seus investimentos em áreas que possam ser reguladas pelo mercado. Por isso, as perspectivas predominantes do Estado neoliberal são a privatização, a focalização e a mercantilização das políticas, sobretudo das políticas sociais, visando à contenção dos gastos públicos.

De acordo com Issuani (1990, citado por Draibe, 1993, p. 97), a **privatização** tem como principal objetivo "deslocar a produção de bens e serviços a produção de bens e serviços públicos para o setor privado lucrativo foi apresentada como uma resposta que alivia a crise fiscal". Há também um "deslocamento da produção e/ou da distribuição de bens e serviços públicos para o setor privado não lucrativo, composto por associações de filantropia e organizações comunitárias, ou as novas formas de organizações não governamentais [ONGs]" (Draibe, 1993, p. 97).

Quanto à **focalização**, Draibe (1993, p. 97, grifo do original) a entende como

> o direcionamento do gasto social a programas e a públicos-alvo específicos, **seletivamente** escolhidos pela sua maior necessidade e urgência. Dois tipos de justificativa apoiam esta tese: aquela de Friedmam, de que o Estado deve entrar apenas residualmente e **tão somente** no campo da assistência social, e a que argumenta com o fato de que em geral os mais necessitados não são, em princípio, os que efetivamente beneficiam-se do gasto social [...].

Um caso exemplar de focalização, recomendada pelo Banco Mundial e pelo FMI, é o Programa Bolsa Família, implantado no governo Lula. Nesse caso, existem críticas quanto ao atendimento previsto somente para famílias em condição de pobreza extrema, enfraquecendo o investimento do Estado em políticas sociais de caráter universalizante.

Já a **mercantilização** representa todo e qualquer movimento realizado pelo capital para a extração de mais-valia por meio de políticas públicas sociais. Granemann (2012) afirma ocorrer um deslocamento dos investimentos estatais em políticas de proteção social para a esfera da financeirização do capital, com o objetivo explícito de obtenção de mais-valia para o pagamento da dívida pública à custa da redução de direitos sociais. Nas suas palavras,

> o fundo público é o montante que o Estado detém para realizar suas funções em dada sociedade e existe uma tendência contínua de o Estado mobilizar os recursos das políticas sociais para propiciar alternativas às crises do capital. Nesse sentido, das políticas sociais têm lhes sido exigidos crescentes superávits para remunerar com juros os proprietários dos títulos e para quitar os valores dos títulos vencidos. A relação com as políticas sociais e a contribuição da lógica dos superávits para a sua destruição – total ou parcial, a depender do caso – é íntima [...] em resumo, as políticas sociais devem deixar de realizar os direitos sociais para que os espaços até então por elas ocupados sejam liberados para os mercados. De outro lado, esta redução das políticas sociais somente é viabilizada ao mobilizar argumentos de que a previdência social e por repartição não é viável nos dias atuais. No entanto, são os superávits das políticas sociais ditas em crise, elementos centrais para a formação da riqueza social que remunera os títulos públicos de propriedade dos fundos de pensão, dos fundos de investimentos e o capital bancário-financeiro. (Granemann, 2012, p. 259)

Fernando Collor de Mello foi eleito presidente do Brasil em 1989, na primeira eleição direta após a ditadura militar, disputando o segundo turno com Luiz Inácio Lula da Silva. Este último representava à época uma vinculação com o projeto socialista (a coligação contava com partidos como PSB e PCdoB).

Lembre-se de que o fim da ditadura militar era recente no país e, diante da conjuntura político-econômica neoliberal, o candidato Lula – apesar do amplo apoio recebido de alguns candidatos derrotados no primeiro turno, porém considerados historicamente da vanguarda política de centro-esquerda, como Ulysses Guimarães e Leonel Brizola – foi derrotado pela burguesia, que se articulou para impedir sua ascensão à Presidência da República. Fernando Collor de Mello governou o país de 1990 a 1992, quando sofreu um processo de *impeachment*.

De modo geral, a classe trabalhadora do país sofreu um duro golpe com a eleição de Fernando Collor, representante do inexpressivo Partido da Reconstrução Nacional (PRN). A inflação era galopante (80% em março de 1990) e, para enfrentar aquela situação, a equipe econômica elaborou o Plano Collor I, que seria conduzido pela então ministra da economia Zélia Cardoso de Mello. O Plano previa as seguintes metas:

> a) a troca de nome da moeda cruzado novo para cruzeiro, sem mudança na equivalência entre as moedas; b) bloqueio do montante de depósitos em contas-correntes e cadernetas de poupança que superasse cinquenta mil cruzados novos; c) o congelamento de preços e dos salários; d) o fim de subsídios e incentivos fiscais; e) o lançamento do Programa Nacional de Desestatização (PND); f) a extinção de vários órgãos do governo. (Nakatani; Oliveira, 2010, p. 25)

O Plano Nacional de Desestatização (PND) já continha explicitamente o projeto de privatização previsto no ideário neoliberal, mas o principal golpe do governo sobre a população, ou melhor, o golpe mais imediato foi o confisco dos depósitos em contas-correntes e contas poupanças, atingindo a classe trabalhadora em sua totalidade. Obviamente, a medida atingiu também a classe capitalista, a qual passou a pressionar o governo no sentido de obrigá-lo a recuar no confisco. O governo cedeu, porém o fez de forma gradativa, o que ficou conhecido como "efeito torneirinha".

Mas, ainda assim, os empresários foram os maiores beneficiados com o recuo do presidente, "já que as liberações estiveram condicionadas principalmente aos pagamentos de salários, de contribuições previdenciárias, de taxas e impostos federais, municipais e estaduais" (Nakatani; Oliveira, 2010, p. 25).

Entre as principais políticas do breve governo Collor, destacam-se sua intenção de redução da inflação e a regulamentação do PND. Para tanto, já de início, Collor esboçou um programa de ajustes fiscais pautados na demissão de funcionários públicos, na privatização de empresas estatais e na abertura do mercado brasileiro para importações. Ele buscava adaptar a realidade brasileira ao receituário neoliberal, abrindo o mercado nacional para a economia dos países em desenvolvimento ou mercados emergentes, ditada pelos organismos financeiros internacionais – FMI e Banco Mundial.

Em 1990, houve a intensificação do processo de privatizações por meio do lançamento oficial do PND. Foram incluídas, inicialmente,

68 empresas no programa, número que foi se alterando com o passar do tempo em virtude da entrada de novas empresas e da exclusão de outras. Os resultados foram tímidos em relação aos prognósticos iniciais. Entre 1990 e 1994 (período Collor/Itamar Franco), foram privatizadas 33 empresas federais (a privatização de empresas estaduais começaria posteriormente), principalmente dos setores siderúrgico, petroquímico e de fertilizantes.

Todavia, em função dessas medidas, seu governo foi perdendo apoio popular e político-partidário, pois grande parte das reformas democratizantes previstas na Constituição de 1988 inviabilizava a execução do receituário neoliberal, incluindo aí o investimento previsto no tripé da seguridade social.

Ao final de seu primeiro ano de governo, após algumas oscilações, a inflação voltava a crescer. O governo lançou, então, o Plano Collor II, cujas medidas não conseguiram baixar os níveis de inflação. Nakatani e Oliveira indicam que, entre outras, as principais medidas do Plano Collor II foram:

> a) o congelamento dos preços em 30/01/1991, podendo ser reajustados por autorização do Ministério da Fazenda; b) congelamento dos salários até 08/1991 e novas regras para seu reajuste; c) utilização de uma tabela para deflacionar os pagamentos futuros; d) criação da taxa referencial de juros (TR) para remuneração das aplicações financeiras; e) extinção do Bônus do Tesouro Nacional (BTN) e do BTN Fiscal, do Maior Valor de Referência, das operações de *overnight* para aplicadores não financeiros, da correção monetária, do índice de reajuste dos valores fiscais e do índice da cesta básica; f) a criação da Nota do Tesouro Nacional. (Nakatani; Oliveira, 2010, p. 26)

Simultaneamente, havia denúncias de corrupção que decepcionavam a população que o elegeu sob a promessa de acabar com os "marajás" e defender os "descamisados", o que não vinha se confirmando pelas medidas adotadas em ambos os planos econômicos implantados em seu governo. Tampouco se via isso nas atitudes políticas do presidente e de alguns de seus assessores. A própria primeira-dama de então, Rosane Collor de Mello, que presidiu a Legião Brasileira de Assistência (LBA) entre 1990 e 1991, foi acusada de corrupção com o desvio de verbas da assistência social, o que lhe rendeu o afastamento da LBA, em 1991.

Em meio a uma série de turbulências político-econômicas, a ministra Zélia Cardoso de Mello pediu demissão do cargo no mês de maio de 1991, sendo substituída por Marcílio Marques Moreira, que permaneceu como Ministro da Economia até outubro de 1992, quando a Câmara Federal iniciou o processo de *impeachment* do presidente, que acabou se concluindo em 30 de dezembro daquele ano.

O vice-presidente Itamar Franco, do PMDB, assumiu o poder, permanecendo até 1994. Integrava seu governo, como ministro da Fazenda, o sociólogo Fernando Henrique Cardoso (FHC), que, naquele momento, já preparava as bases para a modificação da moeda brasileira, a qual passou a se denominar *real*.

Em 1995, FHC assumiu como presidente da República, promovendo uma série de ajustes fiscais por meio do plano econômico de seu governo, o Plano Real. O plano, de fato, equilibrou a economia do país, entretanto não se pode esquecer que ele ocorreu à custa de medidas neoliberais que estabeleciam inúmeras perdas para a classe trabalhadora de nosso país.

Ele envolveu uma série de reformas que revisavam a estrutura das principais políticas sociais públicas brasileiras, mas no sentido de reduzir as garantias constitucionais de direitos, revelando-se uma "contrarreforma com vistas à acumulação do capital" (Behring; Boschetti, 2008, p. 152).

Podemos citar como exemplos o alarmante índice de desemprego que assolou o país na década de 1990, a flexibilização das leis trabalhistas e a contingenciamento de investimentos em políticas públicas sociais.

É possível afirmar, portanto, que a emergência do neoliberalismo no país confrontou os princípios constitucionais balizadores das políticas sociais públicas, como universalidade, uniformidade e equivalência, seletividade e distributividade. Isso ampliou a pobreza relativa e a desigualdade social no Brasil.

Questões para reflexão (II)

1. Quais são os principais aspectos do neoliberalismo apresentados por Hayek?

   Dica: lembre-se do enfrentamento ao Estado de bem-estar e do temor ao socialismo.

2. Quais são as três principais perspectivas do neoliberalismo?

   Dica: lembre-se da contenção dos gastos públicos e de seus deslocamentos para o setor privado.

3. Quais foram as ações neoliberais implantadas no breve governo Collor?

   Dica: lembre-se, entre outras, do Plano Nacional de Desestatização (PND).

Síntese

Neste capítulo, fizemos uma breve contextualização sócio-histórica de grande relevância para o Serviço Social no Brasil. Vimos que o governo militar de Ernesto Geisel (1974-1979) é lembrado pelo início do declínio dos elementos mais arbitrários da ditadura. No que se refere à economia, o "milagre econômico" começou a dar sinais de esgotamento e, no âmbito sociopolítico, observou-se um lento, porém progressivo, reavivamento das lutas sociais dos sindicatos e dos movimentos sociais. No tocante às políticas públicas, o período não apresentou mudanças significativas para nosso estudo, pois foram implementadas algumas políticas já existentes.

Posteriormente, examinamos a gestão de João Batista Figueiredo (1979-1985), que é lembrado como o último presidente da ditadura militar. Dois movimentos sociopolíticos foram muito importantes nessa fase de transição da ditadura para a redemocratização brasileira. O primeiro se refere à anistia política de 1979; o segundo diz respeito à organização sindical dos trabalhadores brasileiros, dando o tom do que veio a se denominar "novo sindicalismo".

Como vimos, o contexto de fortalecimento da organização política dos trabalhadores, iniciado em 1978, culminou com a constituição do Partido dos Trabalhadores (PT), em 1980 – tendo como principal liderança Luiz Inácio Lula da Silva. Os sindicatos organizados criaram, ainda, em 1983, a Central Única dos Trabalhadores (CUT). No ano seguinte, em 1984, foi criado o Movimento dos Trabalhadores Rurais Sem Terra (MST).

A partir daí, como destacamos, teve início o intenso movimento pelas "Diretas Já", organizou-se a revitalização partidária e surgiram as greves dos sindicatos, que representaram uma renovação na democratização das relações sociais políticas e econômicas no Brasil. O desenvolvimento sociopolítico se alastrou por toda a sociedade brasileira, (re)ativando vários movimentos sociais de base popular, organizados em torno das situações comunitária, educacional, ambiental, entre outras. É importante considerarmos que os partidos políticos e os sindicatos participaram ativamente, também, no processo constituinte de 1988.

Ainda neste capítulo, apresentamos aspectos importantes do neoliberalismo, tanto no mundo quanto em nosso país. Vimos que, no Brasil, os ajustes neoliberais que alteraram o papel do Estado e que dominaram o mundo a partir da década de 1980 chegaram como um receituário de modernização capitalista liberal e ultraconservadora a partir da década de 1990. Enquanto internacionalmente tivemos os referenciais extremistas da Inglaterra de Margaret Thatcher e dos Estados Unidos de Ronald Regan, no âmbito nacional observamos a vitória eleitoral de Fernando Collor de Mello, em 1989.

Para saber mais

ANTUNES, R. **O continente do labor**. São Paulo: Boitempo, 2011.

Nesse livro, você encontra análises acerca dos efeitos do neoliberalismo sobre as relações sociais e trabalhistas no contexto da América Latina.

NETTO, J. P. **Pequena história da ditadura brasileira (1964-1985)**. São Paulo: Cortez, 2014.

O livro articula detalhadamente as dimensões social, política, econômica e cultural da realidade brasileira, desde o período que antecede o golpe militar de 1º de abril de 1964 até o fim da ditadura militar, em 1985.

SOARES, L. T. R. **Ajuste neoliberal e desajuste social na América Latina**. Petrópolis: Vozes, 2001.

A autora apresenta estudos sobre os efeitos do neoliberalismo nas políticas sociais na América Latina e no Brasil, na década de 1990, analisando dados estatísticos de grande relevância para estudos analíticos e comparativos no Serviço Social.

Questões para revisão

1. Quanto ao enfraquecimento do regime militar no Brasil, é **incorreto** afirmar:
    a) O "novo sindicalismo" contribuiu para os avanços sociopolíticos que marcaram a fase de transição da ditadura militar para a redemocratização, inclusive para o movimento batizado de "Diretas Já".
    b) Em termos econômicos, o elemento determinante para o esgotamento do "milagre econômico" foi a crise estrutural do capitalismo iniciada em 1974-1975.
    c) A anistia política e a organização sindical dos trabalhadores brasileiros são elementos fundamentais da transição do regime militar para a redemocratização no Brasil.
    d) Os partidos comunistas saíram da clandestinidade no final do governo de Ernesto Geisel.

2. Com relação às três principais características do neoliberalismo, indique a alternativa correta:
   a) A focalização é um procedimento favorável à classe trabalhadora, na medida em que preconiza a universalização das políticas sociais.
   b) A privatização promove a ampliação de direitos sociais, pois amplia a oferta de serviços públicos vinculados à seguridade social.
   c) A mercantilização das políticas públicas sociais acarreta deslocamento dos investimentos estatais para a esfera da financeirização do capital.
   d) O ideário neoliberal prevê que a privatização, a focalização e a mercantilização das políticas públicas sociais se traduzam em conquistas sociais e trabalhistas para a classe trabalhadora.

3. Em seu entendimento, a perspectiva neoliberal acarreta perdas ou avanços para a classe trabalhadora?

4. Com relação à organização sindical e aos movimentos sociais, é correto afirmar:
   a) Durante o regime militar, ocorreram inúmeras greves e paralisações de trabalhadores.
   b) A pressão dos sindicatos foi fundamental para incluir novos direitos trabalhistas na Carta Federal de 1988.
   c) No Brasil, a criação do Movimento dos Trabalhadores Rurais Sem Terra (MST) foi desvinculada da organização sindical.
   d) Os movimentos sociais emergentes na fase de transição para a redemocratização brasileira eram um desdobramento dos partidos políticos.

5. Pesquise em outras fontes qual foi a importância da Legião Brasileira de Assistência Social (LBA) para as políticas sociais em nosso país.

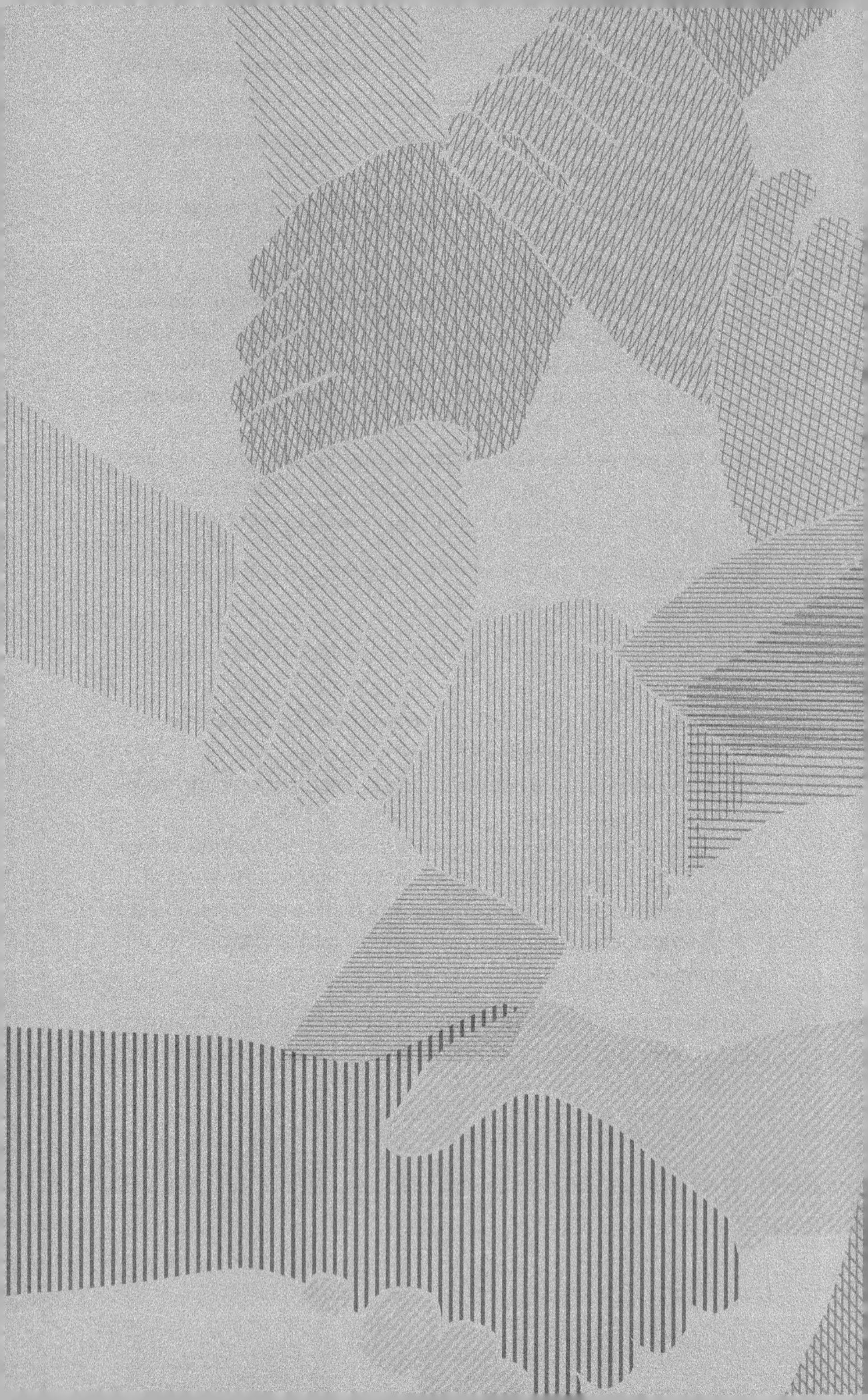

CAPÍTULO 3

Aspectos teórico-metodológicos do Serviço Social brasileiro entre 1971 e 1990

Conteúdos do capítulo:

- Discussões teóricas e metodológicas que permearam os cenários acadêmico e profissional do Serviço Social no período entre 1971 e 1990.
- Método BH.
- O III Congresso Brasileiro de Assistentes Sociais como marco histórico para o desenvolvimento do Serviço Social.
- Códigos de Ética Profissional de 1975 e 1986 e currículo mínimo de 1982.
- Organização da categoria nos âmbitos da formação e do exercício profissional.

Após o estudo deste capítulo, você será capaz de:

1. entender o que foi o método BH, sua importância e sua aplicação prática;
2. reconhecer a formulação teórica que deu a fundamentação para o Código de Ética Profissional de 1975;
3. compreender por que o III Congresso Brasileiro de Assistentes Sociais foi um marco referencial para o desenvolvimento do Serviço Social;
4. entender a proposta do Currículo Mínimo de 1982 e suas implicações;
5. analisar o Código de Ética Profissional de 1986 e suas implicações no processo de ruptura do Serviço Social com as metodologias tradicionais.

A década de 1970 representou avanços significativos nos aspectos teórico-metodológicos do Serviço Social brasileiro. Assim, a discussão em torno da superação de instrumentos e técnicas para o desenvolvimento profissional foi materializada em método. Esse momento de busca de superação dos anos de 1970 se concentrou em torno do método BH, que representou para o Serviço Social um período importante de superação de métodos tradicionalmente adotados pelos profissionais da área.

Iniciamos este capítulo buscando ampliar o debate para discussões teóricas e metodológicas que aconteceram posteriormente e que tiveram grande importância para o avanço acadêmico e profissional do Serviço Social.

3.1 O método BH como marco para a perspectiva de intenção de ruptura no Serviço Social

O método BH foi a proposta teórico-metodológica que representou o início da perspectiva da **intenção de ruptura** para o Serviço Social brasileiro. Foi um movimento no interior da universidade, no caso, da Escola de Serviço Social da Universidade Católica de Minas Gerais, atual PUC Minas (MG). A sede ficava em Belo Horizonte, o que motivou a escolha do nome. Lá, um grupo de assistentes sociais liderados pela professora Leila Lima Santos vivenciou, no período de 1972 a 1975, uma proposta alternativa ao Serviço Social tradicional.

O método em questão procurou romper com a teoria positivista, que influenciava, de forma contundente, toda a formação e atuação profissional naquele período. O método se baseava na **teoria marxista**, mais precisamente no autor Louis Althusser, que recebia influências do estruturalismo francês.

Para explicarmos brevemente o estruturalismo, recorremos ao professor Carlos Nelson Coutinho, que, em seu clássico *O estruturalismo e a miséria da razão*, republicado em 2010, analisa essa corrente. O autor relaciona o estruturalismo com o neopositivismo, entendendo-o como uma subordinação idealista da realidade social às regras que estruturam a sociedade (Coutinho, 2010, p. 103). Yazbek (2000, p. 25) corrobora essa análise ao afirmar que

> Efetivamente, a apropriação da vertente marxista no Serviço Social (brasileiro e latino-americano) não se dá sem incontáveis problemas, [...] e que se caracterizam, quer pelas abordagens reducionistas do marxismo de manual, quer pela influência do cientificismo e do formalismo metodológico (estruturalista) presente no "marxismo" althusseriano (referência a Louis Althusser), filosofo francês cuja leitura da obra de Marx vai influenciar a proposta marxista do Serviço Social nos anos de 60/70 e, particularmente, o Método de BH. Um marxismo equivocado que recusou a via institucional e as determinações sócio-históricas da profissão.

Ainda assim, é importante termos a clareza de que o método BH representou um marco importantíssimo para o Serviço Social brasileiro, na medida em que inaugurou a possibilidade de renovar as bases teórico-metodológicas e ideopolíticas da profissão, em um momento em que a repressão militar ameaçava qualquer manifestação que caracterizasse o desejo de mudanças no país. Por isso a proposta teve tanto significado para o Serviço Social; ela ousou confrontar a ideologia dominante, bem como o tradicionalismo e o conservadorismo presentes nos aportes teórico-metodológicos da profissão. Podemos afirmar, como declara Netto (1996, p. 276-277), que o método BH se configurou para

> além da crítica ideológica, da denúncia epistemológica e metodológica e da recusa das práticas próprias do tradicionalismo; envolvendo todos estes passos, ele coroou a sua ultrapassagem no desenho de um inteiro projeto profissional abrangente, oferecendo uma pauta paradigmática dedicada a dar conta inclusive do conjunto de suportes acadêmicos para a formação dos quadros técnicos e para a intervenção do Serviço Social.

Em 1969, representantes da Escola de Serviço Social da Universidade Católica de Minas Gerais estiveram em Caracas para um encontro que discutia os novos rumos do Serviço Social. No retorno ao Brasil, os professores trouxeram um documento chileno que haviam conhecido no encontro venezuelano. Tratava-se do documento denominado "Método básico", elaborado pela Escola de Serviço Social da Universidade Católica de Santiago do Chile. Esse documento serviu de base para que, na década de 1970, professores de Belo Horizonte elaborassem o método BH. Isso se tornou um marco para a **perspectiva de intenção de ruptura** no Brasil.

De acordo com Barbosa (1997, p. 41), o método básico:

> mostra que o grupo chileno, partindo de uma análise da realidade social que vivia o país, apresentava uma crítica ao papel do assistente social frente àquela sociedade, e elaborava uma nova proposta de ação para os profissionais. O grupo [...] elaborava então novas definições para o Serviço Social como profissão. Frente à realidade analisada, o grupo faz a opção pela mudança do sistema dominante, recusa o papel assistencial do Serviço Social e faz a opção por um novo papel: o de educador popular. Assim, o assistente social deveria cumprir sua função básica, atuando junto às organizações populares com as quais deveria desenvolver sua ação através de assessoria a projetos específicos, contribuindo para que tomassem consciência de sua situação.

O método BH buscava avançar no interior do Movimento de Reconceituação[1], que acontecia desde meados dos anos de 1960, na busca de novas diretrizes profissionais para o Serviço Social. Foi forjado em um contexto histórico e político nada favorável à universidade brasileira, carregando consigo alguns problemas teóricos e ideológicos do chamado "marxismo vulgar" ou "marxismo sem Marx". Eram interpretações da obra marxista que foram contaminadas pela perspectiva positivista e estruturalista, distorcendo aspectos fundamentais do método de Marx. Como aponta Netto (1996, p. 287),

---

1 O tema será detalhado no Capítulo 4 deste livro.

> O fato é que na inspiração marxista de que se socorrem os formuladores belo-horizontinos se encontram os nós problemáticos que rebatem comprometedoramente na sua contribuição renovadora. Trata-se de uma inspiração que, jejuna de uma reflexão sobre as fontes originais, integrou ao marco teórico-metodológico da construção de Belo Horizonte toda a contaminação positivista que vinha no leito da Segunda Internacional, refratada pela leitura mais sofisticada do epistemologismo que, pós-stalinista, não se libertou dos laivos dogmáticos.

Os profissionais da época acreditavam que o método BH faria com que houvesse outro caminho para a atuação do Serviço Social diante dos sinais de esgotamento do método tradicional e de suas metodologias de caso, grupo e comunidade, bastante discutidas no Movimento de Reconceituação. Em outras palavras, seria um meio de abrigar em um lugar seguro as novas alternativas de uma formação profissional crítica e comprometida com as classes sociais oprimidas de nossa sociedade.

A importância de desenvolver um método alternativo ao Serviço Social tradicional era tão evidente que o método BH reuniu, para sua elaboração, desde estudantes de Serviço Social até professores, cientistas sociais e supervisores, formando Equipes de Prática da Escola de Serviço Social.

Temos de salientar que a experiência da Escola de Belo Horizonte ocorreu em um contexto sociopolítico muito difícil de ditadura militar, que restringia manifestações contra a ordem vigente, obrigando os profissionais de Serviço Social a reinterpretar seus papéis e sua inserção na sociedade. Os assistentes sociais, tão comprometidos com a profissão, sonhavam com um país mais justo, que superasse problemas e condições de vida das classes subalternas, além de incentivarem a participação popular.

Santos (2007) corrobora essa ideia quando afirma que não se pode duvidar de que os valores em questão foram agregados na profissão por meio da experiência belo-horizontina. Assim, na efervescência daquele momento político que o Brasil vivia, o Serviço Social avançou consideravelmente em sua dimensão política de intervenção profissional, o que foi considerado por Netto (1996) como o primeiro momento da apreensão da perspectiva crítico-dialética de Marx, no período da intenção de ruptura.

3.1.1 Momentos metodológicos do método BH

Vamos explicar aqui, de forma concisa, como se constituem os momentos metodológicos do método BH. Nossa base para elucidação desses momentos está nos escritos da autora Leila Lima Santos. O que é importante ressaltar é que esses momentos não são estanques ou isolados, já que, na verdade, eles estão o tempo todo em um processo de aproximação da realidade e ciclicamente fazendo a realimentação teórica. Primeiramente, observe os elementos do Quadro 3.1.

Quadro 3.1 – Momentos metodológicos do método BH

			Técnicas
1º momento	Aproximação I	**Pré-contato** = busca conhecer aspectos físicos e históricos.	Contato individualizado; Pesquisa documental.
		Contato global = abordagem generalizada, aprofundamento do conhecimento; Início do processo de formação de grupos.	Dramatização; Gravação.
		Organização I = tem o objetivo de estabelecer formas de ação na realidade.	Organização de equipes de discussão e investigação.
2º momento	Investigação significativa	O grupo aprofunda conhecimento sobre sua realidade. Os indivíduos são sujeitos de sua própria investigação.	Discussão de grupos; Círculos de cultura; Outras de indicação da população.
3º momento	Interpretação diagnóstica	Momento de fusão e síntese das etapas anteriores, momento de realimentação teórica.	Interpretação dos dados; Análise dos dados.

(continua)

(Quadro 3.1 – conclusão)

			Técnicas
4º momento	Aproximação II	**Discussão e difusão do diagnóstico** = visa a não somente situar o problema, mas confrontá-lo com a ação concreta a ser realizada.	Interpretação diagnóstica; Alternativas de ação.
		Seleção de alternativas de ação = deve considerar os recursos e meios disponíveis.	Participação de todos do grupo.
		Organização II = ampliação do sistema de participação.	Novos grupos, em que os participantes tomam conhecimento dos momentos anteriores e participam da programação de momentos posteriores.
5º momento	Programação	Síntese dos momentos anteriores; Estruturação racional da ação futura.	Atividade prática: prepara a prática a ser executada; Atividade teórica, análise de dados.
6º momento	Execução de projetos	Realização das ações programadas.	Acompanhamento da ação pelo técnico.
7º momento	Revisão e sistematização geral	Etapa-síntese.	Revisão teórica sobre o trabalho prático.

Fonte: Elaborado com base em Santos, 1982.

- O **1º momento** é de conhecimento, a primeira observação técnico-realidade. Nele a "Aproximação I" se caracteriza pela confrontação prática das concepções teóricas. Ela apresenta três subetapas relacionadas, mas que exigem procedimentos e técnicas distintas.
- O **2º momento** metodológico se constitui em uma investigação mais detalhada do grupo sobre sua própria realidade, implicando o questionamento das situações vivenciadas. Nessa perspectiva, a investigação possibilita a capacitação da comunidade para discutir temas a ela relacionados.

Na "Interpretação diagnóstica", que compreende o **3º momento**, abre-se a possibilidade de pensar os dados obtidos à luz dos subsídios teóricos discutidos com a população. Dessa forma, são necessárias as seguintes operações:

- caracterização – a descrição dos fatos e fenômenos;
- categorização – classificação dos fatos de acordo com seus aspectos comuns;
- relação entre categorias – consideração acerca da ligação de um fenômeno a outros. Essas correlações podem ser: internas (mesma categoria), externas (outra categoria), históricas (relacionadas a fenômenos históricos) e estruturais (relações entre diversas categorias e o contexto social, proporcionando união totalizante da realidade).

No **4º momento**, alarga-se o trabalho que está sendo desenvolvido, realizando-se uma nova visualização da realidade depois de ser confrontada com a sistematização e a realimentação teórica da fase anterior.

Na programação, parte essencial do **5º momento**, busca-se a correspondência entre possibilidade e realidade. Nesse momento, há visualização das possibilidades que se cruzam com os recursos e meios disponíveis, ou seja, esse cruzamento vai dar o tom das metas de programação.

No **6º momento**, encontram-se todos os elementos de uma práxis social se for observado o acompanhamento técnico de todas as ações concretas. Acompanham-se, também, as funções das pessoas responsáveis pelo desenvolvimento e pela execução dos projetos.

No **7º momento**, todos os outros momentos anteriores são articulados. Trata-se, portanto, de uma etapa-síntese, na qual se torna necessária a revisão teórico-prática de todo o trabalho. Desse modo, cabe a esta etapa a sistematização dos diversos dados, revendo-se os encaminhamentos dos processos práticos e propondo-se as restruturações para práticas posteriores e a sistematização de pontos básicos.

Conforme o método BH, as ações realizadas traziam em si novas necessidades, nas quais apareceriam novas contradições, que, por sua vez, deveriam servir de base para outros projetos profissionais.

> **Questão para reflexão (I)**
>
> 1. O método BH teve grande influência das formulações do Serviço Social chileno, que vivenciava, em 1969, um momento histórico democrático diferente das estruturas políticas brasileiras. Pensando em todos os momentos metodológicos estudados, analise a principal característica que permeia todos eles.
>
>   **Dica**: nos momentos de governos autocráticos, esse é um dos primeiros direitos a serem tolhidos.

3.1.2 Formação profissional no método BH: avanços e limites

Antes de analisarmos os avanços e limites do método BH, vamos tratar rapidamente do contexto vivenciado em Minas Gerais naquele período. No cenário nacional, como vimos nos Capítulos 1 e 2 deste livro, vivia-se em plena ditadura militar, que, no âmbito econômico, priorizava o crescimento econômico por meio da industrialização pesada. Trata-se de um momento em que se visava à ampliação do mercado nacional, bem como à exigência de redirecionamento de novos recursos naturais como fatores de expansão do capital nacional.

Por outro lado, internacionalmente, a dinâmica do capitalismo monopolista exigia uma reestruturação nas formas de expansão e apropriação do capital. Desse modo, sob a égide da conjuntura internacional e nacional, era necessário que o país adotasse a descentralização industrial.

No entanto, essa descentralização deveria ocorrer na mesma microrregião nacional que estivesse dentro do eixo de concentração do capital, ou seja, a Região Centro-Sul. Assim, foi nesse cenário que o Estado de Minas Gerais surgiu como melhor opção para acomodar a expansão industrial de bens de capital e química, de modo que o Estado foi transformado em grande polo de projetos industriais (Barbosa, 1997).

Esclarecida essa conjuntura, vamos dar continuidade à análise do movimento que ocorreu na Escola de Serviço Social da Universidade Católica de Minas Gerais. Em primeiro lugar, ressaltamos que esse movimento andava na contramão do projeto militar, pois previa a ampliação da participação popular nas decisões sócio-político-econômicas da sociedade.

No aspecto teórico-metodológico, a característica principal do método BH era a admissão de que ele não era somente uma estrutura de procedimentos, sendo essencial que fosse considerado um processo em movimento. Assim,

> Considerar o método como processo significa que ele não se esgota em si mesmo nem se detém num só momento, mas possui uma "dinamicidade" que permite relacioná-lo às necessidades de um comportamento científico, à prática, aos objetivos e ao objeto da investigação e ação profissional, nos diferentes momentos.
>
> Dentro desta concepção, o método não será, portanto, um conjunto de operações estanques e justapostas realizadas de modo meramente sucessivo. Será antes um conjunto de procedimentos interligados e interdependentes que, fundamentados em uma teoria científica de análise da realidade, adaptados a ela, permitirá orientar as investigações e experimentações profissionais. (Santos, 1982, p. 46).

Entretanto, para a autora, mesmo que se garanta a elaboração de um método dinâmico e em movimento, existe a necessidade de que ele esteja sustentado por uma estrutura que lhe dê forma. Ou seja, ainda que o método esteja amparado em processos que admitam seu caráter dinâmico, não terá validade a menos que possa efetivar-se na prática profissional. Assim, a teoria se transveste de significação metodológica e em método a partir da adoção de seus princípios, leis e teses. Funcionam, portanto, como ferramentas não só de conhecimento, mas de transformação legítima da realidade.

O método, de acordo com essa concepção, permite que se forme um movimento contínuo de construção do conhecimento nos moldes do método de Marx, ou seja, um processo que tem como ponto de partida o concreto em busca da elevação ao abstrato. O inverso também funciona, pois o conhecimento retorna ressignificado do abstrato ao concreto. Nesses casos, as mediações são representadas por "movimentos contínuos de análises e sínteses, decomposição e fusão, indução e dedução" (Santos, 1982, p. 49).

Todos esses movimentos do processo metodológico podem ser caracterizados como movimentos contraditórios, ainda que, de alguma forma, unificados. Isso, na realidade, vai constituir o movimento de construção do conhecimento, da práxis, entendida como a indissociabilidade entre a teoria e a prática profissional.

Assim, é por meio da confrontação entre a "aproximação" com a realidade e a "realimentação" na fonte teórica que vão ocorrer momentos sucessivos de ampliação do conhecimento e uma intervenção original na realidade.

Outro aspecto importante é que a participação popular deveria ser contínua em todos os processos do método, pois só com ela se poderiam definir os objetivos da intervenção profissional que viabilizassem a capacitação conjunta do profissional e da população (Santos, 1982).

Dessa forma, os profissionais e estudantes envolvidos na elaboração do método BH acreditavam que a **participação popular**, aliada à mudança do método, possibilitaria uma renovação para o Serviço Social da Escola de Belo Horizonte e poderia servir de referência para outras escolas, posteriormente.

Com relação à formação profissional, o método BH estava pautado na concepção de transformação da sociedade. Os professores da Escola de Serviço Social da Universidade Católica de Minas Gerais haviam elaborado um documento de reformulação acadêmica, entre 1970 e 1971, que recebeu o título de *A prática como fonte da teoria*. Esse documento foi o alicerce das mudanças curriculares ocorridas na Escola no ano de 1972, e sua base era uma análise crítica do currículo que vinha sendo adotado. Sugeria-se que, para o processo de formação dos assistentes sociais, fosse adotado um referencial teórico que contemplasse três pontos principais:

※ **Concepção de ciências e comportamento científico** – Considerava-se que, por meio da ciência, seria possível chegar a uma resposta e a uma explicação a respeito dos fenômenos gestados na realidade. A ciência deveria capacitar a sociedade para mudar a realidade. Assim, admite-se que os fenômenos, após serem abstraídos, devem ser ressignificados com o objetivo de se operar sua mudança ou transformação.

※ **Relação entre Serviço Social, ciências sociais e realidade** – Indicava-se a necessidade de se ter clareza sobre o que fazer e como fazer na prática profissional.

※ **Perspectiva de ensino-aprendizagem** – Entendia-se que o ensino deveria estar pautado pela concepção de "educação dialógica", o que não poderia ser diferente, pois a proposta estava claramente apoiada em teorias fomentadas pelo educador brasileiro Paulo Freire (tais teorias estavam presentes na proposta chilena). Essa concepção defendia a ideia de que a formação no curso de Serviço Social deveria contemplar o diálogo permanente, estabelecendo que a formação profissional seria realizada "com o aluno", e não "sobre o aluno". Como decorrência dessa concepção, uma nova postura foi adotada, segundo a qual a categoria estudantil adquiriu maior participação em toda a estrutura acadêmica.

Observamos que as mudanças eram estruturais e, portanto, as disciplinas ministradas sofreram alterações significativas. O objetivo maior da reestruturação curricular era oferecer condições para uma formação profissional baseada na perspectiva dialética da realidade social. Para tanto, propunha o compromisso com as classes populares, a responsabilidade de assessoria técnica e política aos trabalhadores e o fomento dos processos de conscientização, organização e capacitação.

As disciplinas de Filosofia e Ciências Sociais vinham imbuídas de questões que possibilitavam ao estudante o desvelamento da realidade da sociedade brasileira, sempre focando as diferenças de classes sociais e seus antagonismos, lembrando que as classes estavam submersas em uma relação de dependência ao capital internacional.

Na estrutura curricular, constavam as disciplinas teóricas na primeira etapa de formação. Na segunda etapa, o aluno já realizava um contato com a realidade, por meio do estágio, para levantamento de dados e retorno à teoria. Na terceira etapa, imbuído de dados e de uma teorização acadêmica, uma sistematização dos dados submersos no conhecimento teórico, buscando-se uma contribuição para a teorização profissional. Em suma, essa foi a estruturação que se deu até meados de 1970 (Barbosa, 1997).

Em 1975, o projeto belo-horizontino, além de ter sido reprimido pelo Estado ditatorial, passou por algumas dificuldades na relação entre a própria academia e o meio profissional. Com a intensificação de alguns fatores relacionados à conjuntura nacional e à própria estrutura universitária, intensificaram-se situações que culminariam com o fim da adoção do método BH como único aporte teórico-metodológico para aquela Escola de Serviço Social.

O que ocorreu foi que a formação pautada nesse método indicava melhor aplicabilidade em campos de estágios voltados para a comunidade, deixando em segundo plano os estágios institucionais. Contudo, a Escola não tinha condições de ofertar todas as vagas de estágio em comunidades, tendo de encaminhar os alunos para estágios em instituições (de assistência social, hospitalares, escolares, empresariais etc). Ora, as instituições eram organismos estatais e adotavam uma lógica desenvolvimentista para suas políticas sociais, o que dificultava a aplicabilidade do método nessas frentes de estágio. Os alunos, por outro lado, demandavam cada vez mais a preferência por estagiar em comunidades, onde tinham maior autonomia para desenvolvimento profissional dentro da proposta do método. Dessa forma, esses encaminhamentos deixavam os acadêmicos bastante insatisfeitos. Além disso, havia outro agravante nessa polarização entre comunidade e instituição: os profissionais que atuavam dentro da instituição eram vistos como "conservadores", e os profissionais que atuavam nas comunidades, como "reconceituados". Por meio dessas informações, é possível notar como os fatores internos e externos foram minando a utilização do método.

A insatisfação dos estudantes, que acreditavam na proposta de transformação pela conscientização, mobilização e organização, foi se agravando até que, no final de outubro de 1975, os alunos votaram, em assembleia, pela deflagração de uma greve estudantil. Como desdobramento dessa greve, os docentes decidiram pedir demissão coletivamente. Esses fatores culminaram no fechamento da Escola, que foi reaberta somente no início de 1976, com a dificuldade de remontar todo o quadro de professores.

A reabertura da Escola veio acompanhada de uma nova proposta de formação profissional. Deveria, então, haver uma adequação articulando o método tradicional com o método BH, de forma a contemplar a polarização de ideias. Foi assim que, consensualmente, decidiu-se por uma conjugação metodológica que abrangesse o trabalho institucional e suas metodologias de caso, grupo e comunidade. Entretanto, como relata Barbosa (1997, p. 63),

> para seguir a nova diretriz era necessária uma reformulação da estrutura curricular existente desde 1971. E, nesse processo, dois aspectos eram fundamentais: o redimensionamento da estrutura teórica e a reformulação da orientação da prática acadêmica. E isso significava o reordenamento da estrutura curricular. Para tanto, as disciplinas de Filosofia e Ciências Sociais continuariam oferecendo os mesmos conteúdos ministrados na fase anterior. As disciplinas específicas de Serviço Social, entretanto, deveriam ser organizadas em um novo conjunto. E nesse conjunto o Serviço Social deveria passar a ensinar todo o Movimento de Reconceituação e o Método BH, ao mesmo tempo em que ofereceria, também, o estudo da metodologia tradicional, com seu processo de atendimento de caso, de grupo e de comunidade.

E, assim, a Escola começou a desenvolver uma formação profissional voltada a atendimentos institucionais, porém sem abandonar por completo a proposta de transformação social que, afinal, já tinha sido incorporada por alguns profissionais que contribuíram para a elaboração do método BH antes do fechamento da Escola.

Esse momento clarifica a história do método BH e sua contribuição para o Serviço Social no Brasil, o que, como podemos observar, não ocorreu sem disputas ideológicas contraditórias e, por vezes, até antagônicas. Tais movimentos contraditórios, na verdade, fazem parte de qualquer processo de mudança social. Como esclarece Wanderley (1998, p. 42-43),

> é preciso não esquecer que há um constante movimento que se dá no interior do Serviço Social, profissão que está inserida nas relações sociais contraditórias da sociedade e que, portanto, não pode ser analisada como se fosse um bloco monolítico. Nuances, prismas, tendências, rupturas estão constantemente presentes na história do Serviço Social.

Vale salientar que a tensão que se instalou na Escola de Belo Horizonte já refletia os aspectos limitadores da proposta, que tinha seus aportes teóricos vinculados a uma leitura equivocada do método de Marx, sobretudo ao negar a importância da institucionalidade profissional. Além disso, essa proposta teórico-metodológica não conseguiu ter uma abrangência nacional nas escolas de Serviço Social.

De todo modo, apesar da aparente derrota metodológica, seu alcance não pôde ser apagado. Mesmo sofrendo um revés no ano de 1975, foi a partir da experiência do método BH que novas tendências e ampliações surgiram, fomentando concepções teórico-metodológicas e interventivas que culminaram no projeto de ruptura do Serviço Social com a tradição conservadora. Trataremos desse assunto no Capítulo 4.

3.2 Fundamentos teóricos presentes nas normativas profissionais e acadêmicas e o Congresso da Virada

Com o objetivo de facilitar a compreensão dos fundamentos teóricos contidos nas normativas profissionais e acadêmicas, analisaremos as características mais relevantes dos Códigos de Ética Profissional de 1975 e de 1986. Destacaremos também a importância do III Congresso Brasileiro de Assistentes Sociais (CBAS) para a categoria profissional e examinaremos o currículo mínimo do Serviço Social de 1982. Este último foi determinante para ponderar a formação profissional envolvida em um novo projeto ético-político, possibilitando a ruptura com o pensamento conservador.

Desse modo, será possível ampliar a visão do processo histórico profissional para além do conhecimento das normativas e do Congresso, de forma a esclarecer o que culminou na construção do projeto de ruptura do Serviço Social com a tradição conservadora.

3.2.1 O Código de Ética Profissional de 1975

O Código de Ética de 1975 foi aprovado em 30 de janeiro daquele ano e entrou em vigor 45 dias após sua publicação. Promulgado oito anos após o início do Movimento de Reconceituação e sob influência das mudanças que a profissão propunha em seus debates, o novo código trazia algumas mudanças em relação aos postulados já definidos em sua introdução.

Assim, foram enfatizados dois valores como essenciais para a profissão de assistente social: o bem comum e a justiça social.

De acordo com o Código de 1975 (CFAS, 1975), o **bem comum** é considerado o "conjunto das condições materiais e morais concretas nas quais cada cidadão poderá viver humana e livremente". Já em relação à **justiça social**, o código define que ela "compreende tanto o que os membros devem ao bem comum, como o que a comunidade deve aos particulares em razão desse bem" (CFAS, 1975).

Conjugados a esses valores, há ainda três princípios que devem ser observados pelo assistente social na atuação profissional. São eles:

> I. **Autodeterminação** – que possibilita a cada pessoa, física ou jurídica, o agir responsável, ou seja, o livre exercício da capacidade de escolha e decisão;
>
> II. **Participação** – que é presença, cooperação, solidariedade ativa e corresponsabilidade de cada um, nos mais diversificados grupos que a convivência humana possa exigir;
>
> III. **Subsidiariedade** – que é elemento regulador das relações entre os indivíduos, instituições ou comunidades, nos diversos planos de integração social. (CFAS, 1975, grifo nosso)

Dessa forma, podemos verificar que, em relação ao Código de Ética de 1965, dois novos princípios foram apresentados, visto que o princípio de autodeterminação já aparecia nele. Porém, no novo código, ele apareceu como "livre exercício da capacidade de escolha e decisão" (CFAS, 1975), incluindo as questões religiosas, filosóficas e políticas.

É com base nos valores de bem comum e justiça social, articulados aos princípios de autodeterminação, participação e subsidiariedade, que são elaborados os direitos e deveres do assistente social, presentes no Código de 1975. Assim, as reivindicações por participação popular vivenciados desde a década de 1960, que encontraram ressonância no discurso humanista do governo de Jânio Quadros, somente foram incorporadas como princípios para a categoria profissional no Código de 1975.

Sabemos que a elaboração ou a proposta de um novo Código de Ética vem acompanhada e subsidiada por toda uma elaboração teórica que é gestada no interior da categoria profissional. Vimos que, na década de 1970, o Serviço Social já experimentara posicionamentos teóricos e práticos na construção da profissão que tendiam a romper com o conservadorismo. Contudo, não podemos esquecer que, nesse período e em momentos um pouco anteriores, a profissão foi influenciada por correntes teórico-metodológicas da fenomenologia e do estruturalismo, estudadas no momento de reatualização do conservadorismo[2].

Por isso, se formos comparar os momentos vivenciados pela profissão, em sua articulação com as ciências sociais e suas práticas profissionais, podemos considerar que o Código de Ética de 1975 apresenta certo retrocesso, pois princípios como democracia e pluralismo, presentes no código de 1965, não constavam nesse novo código (Carvalho Neto, 2013). Ou seja, a predominância da corrente fenomenológica é claramente sentida quando se identifica a tendência à psicologização da prática profissional, o que envolve "Esclarecer o cliente quanto ao diagnóstico, prognóstico, plano e objetivos do tratamento, prestando à família ou aos responsáveis os esclarecimentos que se fizerem necessários" (CFAS, 1975).

Há elementos apresentados no Código de 1975 que foram baseados em códigos anteriores e que continuaram vigentes em códigos posteriores, como os artigos que demonstram o compromisso da categoria profissional com os usuários, no que tange ao sigilo como direito do assistente social, bem como no que se refere ao aprimoramento profissional.

----
2 Examinamos essa perspectiva teórica no livro *Produção capitalista e fundamentos do Serviço Social (1951-1970)*, desta série.

Além disso, nesse código, menciona-se o dever de "participar de programas de socorro à população, em situação de calamidade pública" (CFAS, 1975). Outro ponto importante é o fato de ser vedado ao assistente social "Exercer sua autoridade de forma a limitar o direito do cliente de decidir sobre sua pessoa e seu bem-estar" (CFAS, 1975). Dessa forma, foi assegurada a liberdade do cliente em decidir de que forma equacionaria suas dificuldades, podendo seguir ou não as orientações do técnico que estava desenvolvendo seu atendimento.

> **Questão para reflexão (II)**
>
> 1. A adoção de um novo Código de Ética Profissional se faz necessária quando o vigente já não responde mais às questões teóricas que envolvem a formação e a atuação profissional da categoria. Sabendo disso, reflita sobre a concepção teórica que pautava o Código de Ética Profissional do Assistente Social de 1975.
>   **Dica**: lembre-se do envolvimento entre Código de Ética Profissional e teoria do Serviço Social em cada momento histórico.

3.2.2 O III Congresso Brasileiro de Assistentes Sociais

Na década de 1970, além do método BH, o III Congresso Brasileiro de Assistentes Sociais (CBAS) foi um marco referencial para o desenvolvimento do Serviço Social brasileiro. Realizado entre os dias 23 e 27 de setembro de 1979, no Centro de Convenções do Anhembi, em São Paulo, ficou conhecido como *Congresso da Virada*, porque, de fato, houve uma virada de compromissos. O processo que se iniciou mudou os rumos da profissão, fazendo-a seguir na direção da luta por um Estado democrático de direito, em defesa dos interesses da classe trabalhadora, do proletário, da classe oprimida e subalterna, contrapondo-se ao domínio conservador e tradicionalista.

Para entendermos a importância do que foi o III CBAS para a profissão, precisamos lembrar que, como visto no Capítulo 2, a conjuntura sócio-histórica daquele momento era de domínio militar, com forte resistência por parte da classe trabalhadora, que atuava no sentido de reorganizar os sindicatos classistas, entre eles, o de assistentes sociais. Esse movimento de militância política[3] no interior da categoria profissional se caracterizou pela participação ativa na luta de resistência à ditadura, na organização dos movimentos sociais e populares e teve na realização do III CBAS um marco referencial para a profissão.

A organização do III CBAS ficou a cargo do Conselho Federal de Assistentes Sociais (CFAS) e do Conselho Regional de Assistentes Sociais de São Paulo (CRAS-SP)[4], tendo como temática principal o Serviço Social e a política social. Mas o processo sofreu questionamentos no interior da categoria. A programação e a organização do evento "foram consideradas significativas para desencadear o questionamento das entidades sindicais de Serviço Social que se reuniram anteriormente e criaram a Comissão Executiva Nacional de Entidades Sindicais de Assistentes Sociais (Ceneas)" (Bravo, 2009, p. 688).

A Ceneas foi criada durante o III Encontro Nacional de Entidades Sindicais, ocorrido em São Paulo, entre os dias 21 e 23 de setembro de 1979, e pode ser considerada fruto da articulação que vinha ocorrendo antes mesmo do III CBAS. O intuito era promover uma virada na direção de rumo do projeto profissional. A Ceneas elaborou, ainda nesse encontro, um documento crítico para a manifestação política durante o CBAS. A Comissão, em paralelo ao Congresso, recebeu o apoio de docentes e demais participantes que já apresentavam descontentamento por meio dos grupos de trabalho. Com a boa receptividade dos participantes, no segundo dia do Congresso, convocaram

---

3 Militantismo na profissão: lembre-se de que as fronteiras entre o militantismo e as bases técnicas da profissão devem estar muito claras para não se confundir uma atuação militante com a prática profissional (práxis política e práxis profissional).

4 Atualmente, Conselho Federal de Serviço Social (CFESS) e Conselho Regional de Serviço Social de São Paulo (Cress-SP).

uma assembleia e algumas mudanças na direção do evento foram aprovadas.

O teor das críticas e as mudanças apresentadas pelo Ceneas estão descritas no Quadro 3.2.

Quadro 3.2 – Críticas e novos rumos do III CBAS

Críticas ao III CBAS	Novos rumos de Congresso
No processo de organização do III CBAS, não houve consulta prévia aos assistentes sociais nem discussões de preparação do evento, caracterizando uma falta de democracia em sua organização.	Alterações na programação do Congresso, em seu conteúdo, como também nos componentes das mesas e dos painéis de trabalho.
A forma de organização impossibilitou a participação em massa dos assistentes sociais, que, pelas condições desfavoráveis de salário, não puderam arcar com o alto custo da inscrição nem com outras despesas, como passagens, estadia e alimentação.	Inclusão de pauta do Congresso abarcando a discussão sobre as condições salariais e de trabalho dos assistentes sociais.
	Proposição das despesas com as atividades sociais do Congresso e destinadas ao fundo de greve dos trabalhadores brasileiros.
Restrição da participação dos estudantes de Serviço Social, porque a organização do evento limitou a inscrição de apenas dois estudantes por unidade de ensino.	Inclusão de uma mesa de encerramento do Congresso composta de lideranças sindicais e de movimentos sociais.
Escolha das pessoas a serem homenageadas no Congresso. No rol, constavam dirigentes da ditadura militar: o presidente da República, General João Baptista Figueiredo, os ministros Murilo Macedo e Jair Soares, além de integrantes do governo de São Paulo (Paulo Salim Maluf, Antônio Salim Curiat) e Paulo Reinaldo de Barros (prefeito).	Os homenageados passaram a ser os trabalhadores que lutaram pela democracia.
	A não separação entre profissionais e estudantes, rejeitando o controle no acesso dos estudantes a espaços de discussão, como o Congresso.
Falta de uma análise global e totalizante que enfatizasse o tema central do Congresso, que foram as políticas sociais.	As políticas setoriais deveriam ser analisadas na visão de totalidade, enfocando a política social no modo de produção capitalista.

Fonte: Elaborado com base em Abramides; Cabral, 2009.

Como podemos observar nas características apresentadas no Quadro 3.2, o nome pelo qual o III CBAS ficou conhecido tem justificativa, ou seja, o denominado *Congresso da Virada* legitimou-se pelo movimento de ruptura da categoria profissional com a ordem vigente, que determinou uma mudança do projeto profissional do Serviço Social, no trabalho dos assistentes sociais e na organização política da categoria. Por isso, Abramides (2006) afirma a necessidade de compreendermos que a filiação à organização político-sindical é determinante para o entendimento do significado do que foi o Congresso da Virada na construção da direção social da profissão nos anos de 1980 e do Projeto Ético-Político Profissional do Serviço Social brasileiro. Este último projeto, aliás, ganhou a nova nomenclatura já nos anos 1990, demonstrando a consolidação no processo de ruptura com o conservadorismo.

É possível listarmos os principais desafios postos com a virada que houve no III CBAS. Segundo Bravo (2009), consideram-se importantes as seguintes questões:

- defender o Projeto Ético-Político do Serviço Social, criando-se condições para sua materialização;
- prosseguir no aprofundamento teórico-metodológico fundamentando-se na teoria social crítica;
- construir um projeto de sociedade baseado na emancipação humana, na garantia de direitos e na ampliação da democracia;
- defender políticas públicas universais, articulando-se as lutas da categoria profissional dos assistentes sociais com as lutas gerais da sociedade pela responsabilização do Estado em sua oferta;
- fortalecer a participação da classe trabalhadora nos espaços políticos;
- intensificar a articulação entre as entidades da classe dos assistentes sociais;
- apoiar a Associação Latino-Americana de Ensino e Investigação em Serviço Social (Alaeits), que tem como um de seus objetivos o investimento na formação profissional e o intercâmbio de saberes profissionais na América Latina e no Caribe.

> **Questão para reflexão (III)**
>
> 1. Reflita sobre o porquê de o III CBAS ter sido tão importante para o projeto de ruptura do Serviço Social com a tradição conservadora.
> **Dica**: lembre-se dos motivos pelos quais ele ficou conhecido como *Congresso da Virada*.

3.2.3 O currículo mínimo do Serviço Social de 1982

Os fatos até agora examinados, e que foram vivenciados pelos profissionais do Serviço Social, contribuíram diretamente para o início da discussão que envolvia a formação profissional e, consequentemente, a questão do currículo nos cursos de Serviço Social. Assim, as melhorias sentidas na organização política da categoria, por ocasião do III CBAS de 1979, tendiam a repercutir nas academias. Para tanto, seria necessária uma articulação que viabilizasse o processo de renovação curricular.

Nos períodos finais da década de 1970 e início da década de 1980, os assistentes sociais, principalmente os que atuavam na academia, ou como docentes ou como estudantes de pós-graduação, preocupavam-se em elaborar um projeto profissional que representasse a unidade da categoria. Ele precisava responder aos questionamentos do papel que o profissional deveria desempenhar diante das novas elaborações teóricas que emergiam. As novas contribuições teóricas expunham a necessidade de formação profissional, afinal, os acadêmicos precisariam ter condições de subsidiar suas práticas voltadas para atender às demandas das camadas populares e que fossem comprometidas com os interesses dos seus usuários.

Desse modo, como afirma Yazbek (1984, p.45), o que norteou o repensar da formação profissional foi:

> [o] esforço de situar o Serviço Social na ótica das relações de classe, que conformam o desenvolvimento da sociedade brasileira. Busca apreender o significado social da profissão, a partir da divisão social e técnica do trabalho, o que supõe uma busca de historicizar a noção de profissão, situando-a como um dos elementos que participam da reprodução das classes sociais e do relacionamento contraditório entre elas. (Yazbek, 1984, p. 45)

As discussões que permearam esse momento de construção do novo currículo podem ser divididas em dois temas sobre os quais podemos dizer que demonstravam preocupação com os planos macro-organizacional e micro-organizacional.

No **plano macro-organizacional**, havia uma apreensão quanto à formação profissional do assistente social, que não se diferenciava da realidade dos demais cursos que também estavam preocupados com o ensino superior na sociedade brasileira. Nesse período, as universidades públicas passavam por uma crise política (falta de autonomia) e econômica (redução de verbas). Isso acontecia porque:

> Nos anos 1970 e 1980, as Universidades públicas federais vivenciaram uma crise política, na medida em que não havia autonomia devido à sua estrutura conservadora/vertical; econômica, devido à redução de verbas e cultural, em detrimento do distanciamento assumido pelo ensino em relação à realidade brasileira [sic]. (Mourão, 2002, citado por Castro; Toledo, 2011, p. 8)

Havia também nas academias uma ebulição de forças. Se, por um lado, demonstrava-se o anseio pela adoção de políticas educacionais que evidenciassem um esforço para a redemocratização, por outro, sofria-se com as amarras de um Estado que desejava e impunha uma política educacional voltada cada vez mais para o desenvolvimento produtivo do país. Esses posicionamentos antagônicos deixaram claro que é um erro querer fragmentar a educação e as fases de desenvolvimento capitalista pelas quais passam determinadas sociedades. É por isso que se tornou necessária a clareza da especificidade acadêmica na esfera das relações sociais, bem como a compreensão da situação do curso de Serviço Social nesse contexto universitário (Castro; Toledo, 2011).

Já no **plano micro-organizacional**, a preocupação voltava-se para a formação profissional específica dos assistentes sociais, que deveriam alcançar um pensamento crítico voltado para a realidade social brasileira, rompendo com a metodologia tradicional. Dessa forma, a profissão começou a ser pensada como fenômeno histórico, condicionada por uma relação contraditória entre as situações presentes na sociedade e as respostas dadas pela profissão a essas demandas. Assim, elucidou-se que, para uma atuação profissional que quisesse construir um posicionamento a favor da classe trabalhadora, seria necessário o rompimento, já na formação acadêmica, com as perspectivas mecanicistas e idealistas.

O fato de compreender a profissão como um fenômeno histórico, preocupada com a ruptura com a herança conservadora e posicionada a serviço dos interesses da classe trabalhadora, fez com que se entendesse que seria necessária uma formação acadêmica adequada. Essa formação precisava se pautar por aportes teórico-metodológicos e crítico-dialéticos que respondessem aos clamores por uma nova prática, na qual suas estratégias de intervenção, investigação e produção teórica dessem conta da realidade social.

Nesse panorama, as linhas norteadoras para o currículo mínimo de 1982 foram discutidas e delineadas por instituições de ensino, pelo movimento estudantil e por órgãos de organização profissional. Tudo isso foi confirmado na XXI Convenção Nacional da Associação Brasileira de Ensino de Serviço Social (Abess), realizada em Natal, em 1979, que tinha como tema uma "Proposta de reformulação do currículo mínimo". Já em 1980, a Abess encaminhou a proposta do currículo para o Conselho Federal de Educação (CFE), que a deferiu em 1982.

Entre os eixos norteadores fundamentais para a adequação curricular à nova proposta de atuação profissional debatidos nessa convenção estavam:

> a) Desenvolver uma visão global da sociedade a partir do seu entendimento histórico-estrutural, capacitando os alunos para a elaboração de um instrumental capaz de problematizar a realidade. Foram introduzidos estudos sobre formações sociais em geral, Estado, ideologia, formação social, econômica e política do Brasil, estrutura agrária e urbanização, processo de mudança social e marginalização social, estudo da realidade nacional e local;

b) Rompimento com o pragmatismo, por meio da participação do Serviço Social na produção de conhecimentos sobre a totalidade social, sendo este o instrumento de sua ação profissional. Neste sentido, a pesquisa foi incorporada não apenas como um conjunto de métodos e técnicas e sim, como uma postura metodológica relacionada às demais disciplinas;

c) Rompimento com a visão e a prática segmentada da metodologia do Serviço Social, esta passa a ser entendida a partir de uma visão metodológica global com base no método dialético de estudo da realidade. É proposto o estudo da práxis, centrado na reflexão-ação-reflexão;

d) Compreensão que a teoria do Serviço Social tem necessidade de análise sistemática e crítica na sua construção e deve ser vista no quadro geral das ciências sociais e da realidade social, rompendo com a visão de um conhecimento isolado e exclusivo do Serviço Social;

e) Realização de análise institucional, centrada na luta de classes e no desvelamento da correlação de forças existentes nas instituições onde o assistente social atua, no sentido de fortalecer o poder do usuário;

f) Abordagem do usuário a partir de sua inserção em uma classe social, contrapondo-se à visão do usuário como indivíduo, grupo ou comunidade;

g) Resgate da assistência como direito e não como benesse, e a recuperação do vínculo histórico da profissão com a assistência;

h) Prática fundamentada na problematização da realidade, a partir de categorias teóricas de análise;

i) Entendimento acerca da teoria e prática como uma unidade dialética;

j) Estudo das políticas sociais como expressão da luta de classes, portanto, nega-se a sua neutralidade, afirmando-a como um direito que precisa ser resgatado pelo Serviço Social;

k) Importância da participação do estudante no movimento estudantil e nos movimentos sociais como complementação de sua formação profissional;

l) Compreensão acerca da relação orgânica da profissão com o Estado, uma vez que a profissão surge a partir do desenvolvimento do aparato estatal no estágio do capitalismo monopolista. (Castro; Toledo, 2011, p. 11-12)

É importante destacar que o currículo mínimo de 1982 se fundamentou na teoria crítica marxista e em suas categorias centrais: totalidade, contradição e mediação. Além disso, buscou substituir a metodologia tradicional do Serviço Social (caso, grupo e comunidade) e propiciar as condições de uma atuação profissional que contemplasse a visão da realidade, a qual é dinâmica e deve ser compreendida a partir do movimento dialético da história, na perspectiva da totalidade.

O currículo de 1982 estava dividido em dois ciclos, o ciclo básico e o ciclo profissionalizante. No ciclo básico estavam inseridas as disciplinas de Sociologia, Filosofia, Psicologia, Economia, Direito e Legislação Social, Antropologia, Formação Social Econômica e Política do Brasil. Já o ciclo profissionalizante contemplava o ensino das estratégias de atuação nos diversificados campos institucionais. As disciplinas desse ciclo eram: História do Serviço Social, Metodologia do Serviço Social, Desenvolvimento de Comunidade, Teoria do Serviço Social, Administração em Serviço Social, Pesquisa e Política Social, além de Ética Profissional e Planejamento Social. O currículo ainda trazia matérias complementares, porém obrigatórias, como: Estágio Supervisionado, Educação Física, Estudos dos Problemas Brasileiros e o Trabalho de Conclusão de Curso.

Se, por um lado, esse novo currículo representou um momento de ampla participação em sua elaboração, essa mesma amplitude na sua preparação simbolizou um resultado com algumas ambiguidades e algumas contradições. De certa forma, isso não é algo surpreendente, visto que, na própria categoria, existiam projetos diferenciados.

Castro e Toledo (2011) pontuaram as formulações de três autoras: Maria Carmelita Yazbek, Marilda Iamamoto e Rosa Maria Ferreiro Pinto, que se debruçaram sobre a implementação desse novo currículo, identificando suas principais ambiguidades. Castro e Toledo (2011) fizeram, então, uma crítica a algumas lacunas do processo.

A primeira crítica está no fato de que o documento trata o homem como ser histórico, mas não o situa historicamente, tornando essa concepção abstrata.

Outra crítica é que "O currículo define a ação profissional junto aos "extratos mais carentes da população" visando sua promoção, sem esclarecer que extratos são esses; qual é a promoção defendida e, além disso, manteve-se o estigma em relação aos usuários ao rotulá-los como extratos mais carentes [...]" (Castro; Toledo, 2011, p. 15). Podemos considerar essa estigmatização como resquício da metodologia tradicional.

Outro ponto relevante é que, apesar de o currículo contemplar uma atuação profissional em que se incentivasse a participação popular, não foi definido nem concebido que essa participação fosse garantida nos espaços decisórios. Também não foi elucidado qual referencial teórico deveria ser adotado para dar sustentação à ação reflexiva e crítica, fundamentada em elaborações teóricas cientificamente reconhecidas. Dessa forma, caiu-se na falácia de substituir o conhecimento científico por uma visão crítica que se tornava abstrata por não ter categorias científicas que lhe fornecessem sustentação.

Segundo Castro e Toledo (2011), a própria divisão entre os ciclos básico e profissionalizante trazia certa fragilidade, pois dificultava a compreensão e a análise da realidade social vinculada à economia política. Para além dessa questão, a divisão ainda reforçava a dicotomia entre teoria e prática tão presente na discussão da formação profissional. O próprio estágio supervisionado não recebeu a devida importância, visto que não houve uma preocupação de defini-lo dentro da realidade social.

Entretanto, a despeito das críticas, que foram importantes, é inegável o avanço no que concerne à introdução das teorias ligadas à tradição marxista. Outro aspecto que podemos pontuar é que o currículo de 1982 permitiu a retomada da identidade profissional com a assistência social, o que possibilitou alianças com a classe trabalhadora, avançando para além das estruturas institucionais. Isso permitiu uma atuação política subsidiada na visão de luta de classes, o que promoveu um grande avanço para a renovação do Serviço Social.

Também podemos ressaltar que a preocupação de identificar a função social da profissão, tendo como centro o compromisso com os usuários e trazendo o cuidado com a garantia de direitos, foi essencial para propor a elaboração do Código de Ética de 1986, que veremos a seguir.

> **Questão para reflexão (IV)**
>
> 1. Na XXI Convenção da Abess, foram discutidos e formulados os eixos norteadores fundamentais para a adequação curricular à nova proposta de atuação profissional, o que culminou no currículo mínimo de 1982. Explique os principais fundamentos para a formulação dessas ideias.
>
>   **Dica**: é importante considerar que esses eixos trouxeram uma tendência teórica que se fundamenta na intenção de ruptura com a visão conservadora do Serviço Social. Além disso, buscava-se romper com a metodologia tradicional do Serviço Social e trazer uma atuação profissional que contemplasse a visão da realidade da sociedade capitalista. Ou seja, a atuação deveria ser de comprometimento com a classe trabalhadora.

3.2.4 O Código de Ética Profissional de 1986

O Código de Ética de 1986, somado ao novo currículo de 1982, forma a estrutura de um novo projeto que traz em sua formulação o compromisso ético-político da categoria com as camadas populares. Assim, na introdução do Código de 1986, encontramos especificado claramente o imperativo de alteração que leva em consideração a **função da dinâmica social** e o rompimento com a perspectiva a-histórica e acrítica:

> A sociedade brasileira no atual momento histórico impõe modificações profundas em todos os processos da vida material e espiritual. Nas lutas encaminhadas por diversas organizações nesse processo de transformação, um novo projeto de sociedade se esboça, se constrói e se difunde uma nova ideologia.
>
> Inserido [sic] neste movimento, a categoria de Assistentes Sociais passa a exigir também uma nova ética que reflita uma vontade coletiva, superando a perspectiva a-histórica e acrítica, onde os valores são tidos como universais e acima dos interesses de classe. (CFAS, 1986, p. 1)

Elaborado na forma de prerrogativas legais agrupadas em títulos e capítulos de acordo com suas finalidades, o Código de 1986 fez questão de estabelecer, já na sua introdução, a conexão da categoria profissional com as demandas e as lutas da classe trabalhadora, destacando os direitos, os deveres e as obrigações que essa classe deveria observar e apontando quais deles se remetiam a uma ética crítica que a categoria profissional queria evidenciar, a saber:

- A devolução das informações colhidas nos estudos e pesquisas aos sujeitos sociais envolvidos.
- O acesso às informações no espaço institucional e o incentivo ao processo de democratização das mesmas.
- A contribuição na alteração da correlação de forças no espaço institucional e o fortalecimento de novas demandas de interesse dos usuários.
- A denúncia das falhas nos regulamentos, normas e programas da instituição e não acatamento de determinação patronal que fira os princípios e diretrizes deste Código.
- O respeito à tomada de decisão dos usuários, ao saber popular e à autonomia dos movimentos e organizações da classe trabalhadora.
- O privilégio ao desenvolvimento de práticas coletivas e o incentivo à participação dos usuários no processo de decisão e gestão institucional.
- A discussão com os usuários sobre seus direitos e os mecanismos a serem adotados na luta por sua efetivação e por novas conquistas; e a reflexão sobre a necessidade de seu engajamento em movimentos populares e/ou órgãos representativos da classe trabalhadora.
- O apoio às iniciativas e aos movimentos de defesa dos interesses da categoria e à divulgação no espaço institucional das informações de suas organizações.
- A denúncia de agressão e abuso de autoridade às organizações da categoria e aos órgãos competentes.
- O apoio e/ou a participação nos movimentos sociais e organizações da classe trabalhadora. (CFAS, 1986, p. 2)

O Código traz, no Título II, Capítulo III, a questão do **sigilo profissional**. Lá encontramos uma alteração bem significativa relativa a esse tema, pois, se no Código de Ética de 1975, a quebra do sigilo era admitida em caso de prejuízo ao bem comum, no Código de Ética de 1986, a quebra passa a ser admitida somente em situações em que os interesses da classe trabalhadora fossem prejudicados, conforme o art. 4º do referido capítulo.

Já no Título III, Capítulo II, sobre as **relações profissionais**, e mais especificamente sobre as relações com as instituições, são evidenciados os direitos do assistente social. Como exposto, tais direitos devem estar voltados para o interesse dos usuários e das classes trabalhadoras:

> Art. 8º São direitos do Assistente Social:
> a. Administrar, executar e repassar os serviços sociais, influenciando para o fortalecimento de novas demandas de interesse dos usuários;
> b. Contribuir para alteração da correlação de forças do interior da instituição para reformulação de sua natureza, estrutura e programa tendo em vista os interesses da classe trabalhadora. (CFAS, 1986, p. 5)

Segundo Barroco (2008), na busca de superar a concepção neotomista[5] presente nos códigos anteriores, com sua visão universalista e abstrata, a categoria preocupou-se em explicitar no Código de 1986 seu compromisso político, o que confirma a intenção de ruptura. Trata-se do momento em que se evidencia o compromisso com a classe trabalhadora, que faz parte do projeto profissional ligado a um projeto societário.

Contudo, quando isso aconteceu, ocorreu também uma formalização de concepção ética mecanicista. Ao se comprometer com uma classe especificamente, em detrimento da especificidade da ética, há um desvio que coloca tal classe como portadora dos valores positivos. Dessa forma, não lhe é imposto o ônus da alienação, o que por certo pode ser atribuído à visão idealista na qual estavam inseridos seus formuladores. Assim, "ao não estabelecer as mediações entre

---

5 Conforme Santos (2010, p. 48), "o neotomismo é um amplo movimento filosófico, proposto pela Igreja Católica, que tem por objetivo apresentar, de um lado, a atualidade de Tomás de Aquino (*Philosophi Perennis*) e, de outro lado, dialogar com a sociedade contemporânea". O Serviço Social tradicional fundamentou-se em dois princípios básicos do neotomismo: o bem comum e a dignidade da pessoa humana.

o econômico e a moral, entre a política e a ética, entre a prática política e a dimensão política da prática profissional, o código reproduz as configurações tradicionais da ética marxista" (Barroco, 2008, p. 171).

Nesse panorama, há uma consideração a ser feita sobre os avanços ocorridos com o pensamento teórico-político nesse momento de intenção de ruptura na década de 1980. A categoria profissional apresentava uma discrepância em relação à teorização ética, uma vez que o pensamento marxista foi utilizado para uma visão crítica do sentido da profissão. Assim, foi trazida à tona sua dimensão político-ideológica, porém não se conseguiu subsidiar os fundamentos e as mediações ético-morais. Isso não deve ser considerado uma derrota, pois, a despeito de a formulação ética não estar presente no texto do código, de forma a romper também com a ética tradicional, ela pôde ser vivenciada no cotidiano profissional. Além disso,

> a insuficiente apreensão ética não equivale à ausência de transformações ético-morais; tendo em vista as determinações que incidem sobre os questionamentos de valores e sobre a adoção de novos papéis e princípios éticos, podemos considerar que, embora não sistematizado e refletidos em sua significação, o *ethos* tradicional do Serviço Social foi sendo negado na prática, através da vivência cotidiana, nas várias dimensões que rebatem na ação profissional, constituindo uma nova moralidade profissional. (Barroco, 2008, p. 178)

Assim, o Código de Ética de 1986 pode ser considerado, apesar de suas debilidades na formulação ética, "expressão formal da ruptura ética com o tradicionalismo do serviço social" (Barroco, 2008, p. 170).

3.3 Organização da categoria nos âmbitos da formação profissional e do exercício profissional

Como vimos nos capítulos anteriores, os contextos vivenciados nas décadas de 1970 e 1980 foram importantes para o reavivamento das lutas sociais, tanto na esfera trabalhista sindical quanto nas mobilizações populares. Foram de suma importância os movimentos que lutavam por políticas públicas nas áreas social, de habitação, da educação e pela terra – com o importante surgimento do Movimento dos Trabalhadores Rurais Sem Terra (MST). Trata-se de um momento que tem, em particular, uma ligação com a luta pela redemocratização do país e a derrocada da ditadura militar.

O Serviço Social também esteve envolvido no processo de luta pela redemocratização. Todo o embate que envolveu a ruptura com métodos tradicionais e assistencialistas que caracterizavam a profissão culminou em avanços que podem ser colocados em prática por meio de novos currículos e códigos de ética que melhor representem o novo momento vivenciado pela categoria.

Aliada a novos paradigmas adotados pela categoria profissional, há toda uma prática de militância política. Essa militância ocorre principalmente por meio do fortalecimento das organizações representativas da categoria, nos âmbitos de formação e de exercício profissional, bem como na participação dos assistentes sociais nas associações de servidores públicos. Como aponta Abramides (2006, p. 125),

> A militância política dos profissionais assistentes sociais se exercita fundamentalmente nos sindicatos da categoria profissional, nas associações de servidores públicos municipais, estaduais e federais.
>
> Os docentes de Serviço Social do ensino superior têm militância política nas universidades e na ABESS, e uma parcela significativa de assistentes sociais atua politicamente por meio de uma ação partidária, majoritariamente no PT – Partido dos Trabalhadores, fundado em fevereiro de 1980.

No entanto, é válido ressaltar que essa militância também se dava para além da esfera petista, tendo o Partido Comunista Brasileiro (PCB), o Partido Comunista do Brasil (PCdoB), o Partido Democrátco Trabalhista (PDT) e o Partido do Movimento Democrático Brasileiro (PMDB) seus militantes que atuavam juntamente com o PT nas organizações representativas da categoria. Os profissionais que faziam essa representação político-partidária da categoria não eram necessariamente os mesmos que representavam as transformações na elaboração teórica profissional. Notamos, também, que

> As vanguardas organizativas profissionais não foram necessariamente as vanguardas teóricas, o que significa separar, do ponto de vista da análise, a ação políticas das vanguardas de direções sindicais e das entidades organizativas da formação e do exercício profissionais, dos extratos teóricos que elaboram a fundamentação e não têm (em grande parte) vinculação partidária. (Abramides, 2006, p. 126)

Nos anos de 1978 e 1979, a inserção dos assistentes sociais em movimentos de organização de sindicalismo classista reverberou para o aumento expressivo desses profissionais nas entidades representativas (sindicais e pré-sindicais), afinal, nesse período, houve um crescimento de três para vinte e duas entidades. O resultado foi a articulação da categoria, que culminou na direção política dada ao Congresso da Virada de 1979, de que tratamos anteriormente.

Esse período foi importante para reforçar a consciência social e política dos profissionais que experimentaram uma constante articulação entre projeto profissional e projeto societário, importante no processo de ruptura vivenciado pela categoria.

Antes disso, já havia acontecido o surgimento dos Conselhos de Fiscalização Profissional na sociedade brasileira, que datam dos anos de 1950. Primeiramente, eles tinham o objetivo de servir para controle político do Estado. Porém, aos poucos, foram se desvencilhando dessas amarras, aliadas a mudanças políticas de determinadas épocas.

Uma das primeiras categorias profissionais na área social a ter reconhecido seu conselho de fiscalização profissional foi o Serviço Social, pois, na Lei n. 3.252, de 27 de agosto de 1957 (Brasil, 1957), que regulamenta a profissão e que mais tarde foi transformada em decreto, já estava estabelecido no art. 6º que caberia ao Conselho Federal de Assistentes Sociais (CFAS), bem como a cada Conselho Regional de Assistentes Sociais (Cras), a fiscalização do exercício profissional no território brasileiro.

A mudança de nomenclatura, a qual demarca também uma mudança política que já vinha ocorrendo na profissão desde a década de 1980, só ocorreria em 1993, com a aprovação da nova regulamentação profissional, com o estabelecimento da Lei n. 8.662, de 7 de junho de 1993 (Brasil, 1993). Assim, o CFAS passou a ser Conselho Federal de Serviço Social (CFESS), e o Cras, Conselho Regional de Serviço Social (Cress), conforme estabelecido no art. 6º dessa lei.

Até 1979, o CFAS e o Cras estavam sob a égide de uma liderança conservadora. Depois do Congresso da Virada, alguns avanços foram sendo incorporados; porém, a eleição para o CFAS só passou a ser de votação direta a partir de 1987, quase uma década após o III CBAS. Essa conquista foi fruto dos movimentos organizados por assistentes sociais militantes que, comprometidos politicamente com a categoria, articularam para que os profissionais lançassem candidaturas a fim de disputar as eleições nos Conselhos Regionais. Agindo desse modo, eles lutavam para que fosse alcançado um processo de democratização dos Conselhos Profissionais, o que culminou com as eleições diretas também no CFAS.

Na esfera de organização da categoria na área acadêmica, historicamente, a entidade responsável pela formação profissional foi a Associação Brasileira de Ensino em Serviço Social (Abess), criada em 10 de outubro de 1946. Posteriormente, em 1989, foi criado o então Centro de Documentação e Pesquisa em Políticas Sociais e Serviço Social (Cedepss), extinta em 1998.

A Abess sempre foi uma entidade preocupada com o processo democrático e com a participação dos setores que envolvem a formação profissional portanto, procurou desenvolver debates nacionais e regionais que tivessem como fundo as unidades de formação. Participou com muito protagonismo das discussões e da implantação do currículo de 1982, o qual simbolizou um direcionamento mais hegemônico tanto da formação quanto da atuação profissional.

Não poderíamos encerrar nossa análise sobre as décadas contempladas no presente livro sem adentrarmos no aspecto que representa um marco para a discussão da **superação do assistencialismo**. Esse momento de ruptura também representa uma crítica teórico-política a esse assistencialismo, propondo uma nova leitura que engloba a assistência social como política pública. Esse marco é a Constituição Federal de 1988 (Brasil, 1988), a qual consagrou, em sua promulgação, o tripé das políticas sociais: previdência social, saúde e assistência social. Com sua aprovação, outros avanços foram se somando, e os assistentes sociais, aliados a movimentos sociais ligados às pautas da política social, foram propulsores da Lei Orgânica da Assistência Social, que foi aprovada em 1993.

Não podemos esquecer que, a despeito dos avanços sentidos na Constituição de 1988, nem todas as reivindicações populares foram atendidas. A Constituição sofreu logo cedo uma forte investida contra seus avanços sociais, pois, no final de 1989, iniciou-se um processo de adesão ao projeto neoliberal. Isso impediu os avanços constitucionais e possibilitou maior ampliação de concentração de renda, aumentando a desigualdade social, conforme destacamos no Capítulo 2, ao tratarmos da política neoliberal adotada no Brasil.

Entre avanços e retrocessos sociais, a categoria profissional de Serviço Social seguiu com seu projeto de ruptura com o conservadorismo, rumo à consolidação de um projeto ético-político que possibilitasse uma hegemonia de pensamento teórico e atuação prática. No próximo capítulo, vamos analisar como o processo de ruptura foi construído e como se estabeleceram suas bases teórico-metodológicas. É o caminho percorrido até a categoria alcançar um projeto ético-político, que foi consolidado somente nos anos de 1990.

Questão para reflexão (V)

1. Considerando todo o momento de intenção de ruptura vivenciado pelos profissionais de Serviço Social, identifique como os avanços políticos e metodológicos foram contemplados no novo Código de Ética de 1986.

   Dica: na busca de superar a concepção neotomista presente nos códigos anteriores, com sua visão universalista e abstrata, a categoria preocupou-se em explicitar, no novo código, seu compromisso político, o que confirma o momento vivenciado pelo contexto da vertente de ruptura na profissão (Barroco, 2008).

Síntese

Neste capítulo, vimos que, na década de 1970, sob a influência das formulações chilenas, o Serviço Social mineiro iniciou um processo de elaboração de uma nova proposta que contemplava uma real mudança na formação profissional. Assim, em 1971, foi elaborado o documento *A prática como fonte da teoria*, que se remetia a uma análise teórica sobre a prática científica e a uma avaliação sobre a prática de estágio desenvolvida pela Escola de Serviço Social da Universidade Católica de Minas Gerais desde sua fundação. Desses estudos, foram extraídas teorias e, então, elaborado o método que ficou conhecido por *método BH*. Como vimos, esse nome se justifica porque a estrutura da Escola estava alocada em Belo Horizonte. De todo modo, o mais relevante é que, conforme o método BH, as ações realizadas traziam em si novas necessidades, nas quais apareceriam novas contradições, que, por sua vez, deveriam servir de base para novos projetos profissionais.

Assim, foram elaborados os direitos e os deveres do assistente social, presentes no Código de Ética Profissional de 1975. A base foram os valores de bem comum e justiça social, conjugados aos princípios de autodeterminação, participação e subsidiariedade. Desse modo, vimos que os reclamos por participação popular vivenciados desde a década de

1960 – que encontraram ressonância no governo de Jânio Quadros e em seu discurso humanista – somente foram incorporados como princípios para a categoria profissional no ano de 1975.

Outro aspecto presente no Código de Ética Profissional de 1975 é a clareza com que se apresenta a influência da corrente fenomenológica, pois, como declara Barroco (2008, p. 130), "podemos considerar que o Código de 1975 já aponta para a tendência tratada por Netto como reatualização do conservadorismo: a vertente fenomenológica [...]".

Neste capítulo, tabmém tratamos do III Congresso Brasileiro de Assistentes Sociais (CBAS), marco referencial para o desenvolvimento do Serviço Social. Ele ficou conhecido como *Congresso da Virada* porque, de fato, houve uma virada de compromissos, um processo que mudou os rumos da profissão. A partir dele, passou-se a seguir o direcionamento da luta por um Estado democrático de direito, com a defesa dos interesses da classe trabalhadora, do proletariado, da classe oprimida e subalterna, contrapondo-se ao domínio conservador e tradicionalista.

Além do Congresso, houve também o currículo mínimo de 1982, que trouxe inovações ao compreender a profissão como um fenômeno histórico. Ele deixava evidente a importância da ruptura com a herança conservadora, posicionando-se objetivamente a serviço dos interesses da classe subalternizada. Assim, passou-se a entender a necessidade de a formação acadêmica pautar-se por aportes teórico-metodológicos que respondessem aos clamores dessa nova prática, na qual suas estratégias de intervenção, investigação e produção teórica dessem conta da realidade social.

Por fim, abordamos o Código de Ética Profissional de 1986, que, somado ao novo currículo de 1982, forma a estrutura de um novo projeto, o qual traz, em sua formulação, o compromisso ético e político do Serviço Social para com as camadas populares. Logo na introdução desse novo código, encontramos especificado claramente o imperativo de alteração que leva em consideração a função da dinâmica social e o rompimento com a perspectiva a-histórica e acrítica.

Para saber mais

NETTO, J. P. **Ditadura e serviço social**: uma análise do serviço social no Brasil pós-64. 17. ed. São Paulo: Cortez, 2015.

Por meio da conjugação entre história, política e cultura, o autor traça uma linha do tempo dos caminhos percorridos pelo Serviço Social brasileiro e identifica a relação entre a ditadura militar e o processo de renovação profissional. Ademais, traz uma elaboração consistente de como a teorização do Serviço Social se relaciona com a cultura e a sociedade brasileiras.

IAMAMOTO, M. V.; CARVALHO, R. de. **Relações sociais e serviço social no Brasil**: esboço de uma interpretação histórico-metodológica. São Paulo: Cortez, 1982.

Nesse livro, Iamamoto e Carvalho apresentam uma contribuição importante para o conhecimento das relações de classe no Brasil. É um trabalho cuja relevância pauta-se por aspectos históricos e teóricos. A importância também está na aproximação entre a história do Serviço Social e a história da sociedade brasileira. Assim, o livro busca contextualizar as relações sociais presentes na sociedade e que são fontes de estudos desses pesquisadores sociais.

BARBOSA, M. M. Serviço social utopia e realidade: uma visão da história. **Revista Caderno Serviço Social**, Belo Horizonte, v. 2, n. 2, p. 25-71, out. 1997. Disponível em: <http://www.pucminas.br/graduacao/cursos/arquivos/ARE_ARQ_REVIS_ELETR20071101163758.pdf>. Acesso em: 8 jun. 2016.

Trata-se de um artigo sobre um estudo focalizado na Escola de Serviço Social de Belo Horizonte, atualmente PUC Minas, e tem por objetivo compreender a crise de identidade que o Serviço Social mineiro viveu na segunda metade da década de 1970. A publicação destaca importantes marcos para a profissão, como o Movimento de Reconceituação e o método BH, buscando sempre a contextualização com o período político e econômico vivido pela sociedade brasileira à época.

Questões para revisão

1. Ao compreender a profissão como um fenômeno histórico e a necessidade de ruptura com a herança conservadora e ao posicionar-se objetivamente a serviço dos interesses da classe subalternizada, o Serviço Social elaborou um novo currículo em 1982. Sobre as linhas norteadoras do novo currículo, assinale V (verdadeiro) ou F (falso):

   ( ) Desenvolvimento de uma visão global da sociedade com base em seu entendimento histórico-estrutural, capacitando-se os alunos para a elaboração de um instrumental capaz de problematizar a realidade.
   ( ) Rompimento com o pragmatismo, por meio da participação do Serviço Social na produção de conhecimentos sobre a totalidade social, sendo este o instrumento de sua ação profissional.
   ( ) Realização de análise institucional, centrada no desvelamento da correlação de forças existentes nas instituições em que o assistente social atua, no sentido de apaziguar as relações entre usuário e instituição.
   ( ) Entendimento acerca da teoria e da prática como separadas ideologicamente.

   Assinale a alternativa correta:
   a) F, V, V, F.
   b) V, V, F, F.
   c) V, F, F, V.
   d) F, V, F, F.

2. Na busca por superar a concepção neotomista presente nos códigos anteriores, que apresentavam uma visão universalista e abstrata, a categoria de Serviço Social preocupou-se em explicitar, no Código de Ética Profissional de 1986, seu compromisso político. Sabemos que isso confirmou o momento vivenciado pelo contexto da vertente de ruptura na profissão, mas qual foi o principal compromisso assumido nesse código?
   a) Compromisso com a pessoa, tratando-se o indivíduo como um caso a ser analisado.
   b) Compromisso com a classe trabalhadora, que faz parte do projeto profissional que está ligado a um projeto societário.

c) Compromisso com as instituições às quais o profissional está vinculado.
d) Compromisso com a política desenvolvida, que trazia em seu bojo a preocupação com o desenvolvimento da sociedade.

3. Na história do Serviço Social, identificamos a vinculação dessa categoria a partidos políticos e a movimentos sociais. Nos períodos de 1971 a 1990, podemos destacar como importantes para os profissionais engajados em uma política mais democrática:
   a) Partido da Social Democracia Brasileira (PSDB) e Movimento Pró Ditadura.
   b) Solidariedade e Movimento Pronera.
   c) Partido dos Trabalhadores (PT) e Movimento dos Trabalhadores Rurais Sem Terra (MST).
   d) Partido Verde (PV) e Movimento Indígena.

4. Cite os avanços para a política social no âmbito da Constituição Federal de 1988.

5. Aponte pelo menos duas críticas manifestadas pela Executiva Nacional de Entidades Sindicais de Assistentes Sociais (Ceneas) no III Congresso Brasileiro de Assistentes Sociais (CBAS) e dois novos rumos tomados nesse congresso.

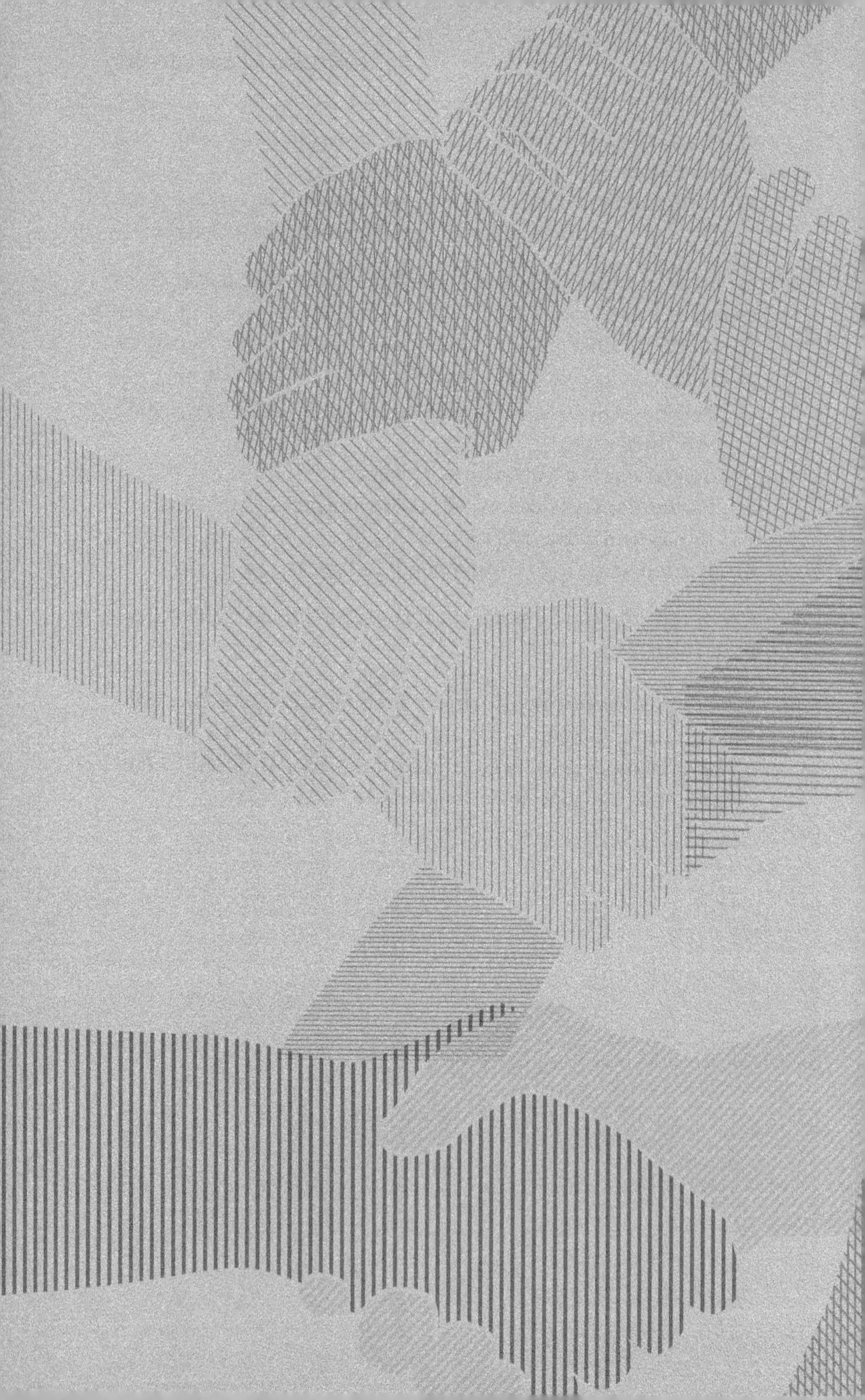

CAPÍTULO 4

Projeto de ruptura do Serviço Social com a tradição conservadora

Conteúdos do capítulo:

- Processo de intenção de ruptura do Serviço Social com a tradição conservadora.
- Mudança teórico-metodológica do Serviço Social de base positivista-funcionalista para a tradição marxista.
- Constituição do atual Projeto Ético-Político Profissional do Serviço Social.

Após o estudo deste capítulo, você será capaz de:

1. reconhecer as três direções assumidas pelo processo de renovação do Serviço Social;
2. entender o projeto de ruptura do Serviço Social com a tradição conservadora;
3. compreender os momentos de relevância na perspectiva de intenção de ruptura;
4. aprender sobre o Projeto Ético-Político Profissional do Serviço Social.

O projeto de ruptura do Serviço Social e seus aspectos teórico-metodológicos são de extrema importância para o entendimento dessa área nos dias atuais. Por isso, apresentamos um breve resgate do Movimento de Reconceituação do Serviço Social brasileiro, que teve seu início na década de 1960. Como veremos, a alteração das bases teórico-metodológicas do Serviço Social de base positivista-funcionalista para uma aproximação com a tradição marxista culminou no atual Projeto Ético-Político Profissional do Serviço Social.

4.1 Processo de intenção de ruptura do Serviço Social brasileiro

O Movimento de Reconceituação do Serviço Social na América Latina emergiu na década de 1960, refletindo a possibilidade de renovação teórico-metodológica da profissão. Podemos afirmar que foi a inauguração de um outro período: uma reformulação dos conceitos a respeito da teoria e da prática do Serviço Social, bem como da forma como os assistentes sociais interpretavam a realidade, buscando alternativas para uma ação que atendesse às particularidades das sociedades latino-americanas.

Netto (1996, p. 308) adverte que o Movimento de Reconceituação representou o final de um caminho e o começo de uma viagem. Partindo do princípio de que a viagem apenas começou, vamos analisar, assim, o Projeto Profissional de Ruptura do Serviço Social com o Serviço Social tradicional.

Ao longo desta obra, já destacamos perspectivas de novos caminhos a serem trilhados pelos assistentes sociais, numa ampla mudança teórico-metodológica de base positivista-funcionalista para uma aproximação com a tradição marxista.

Nesse panorama, o Movimento de Reconceituação assumiu diferentes posicionamentos. Para pensarmos sobre seu legado histórico, precisamos considerar o que dizem alguns dos ícones da literatura do Serviço Social. Alg015 autores defendem a tese de que o Movimento de Reconceituação é um processo que manteria alguma continuidade, mesmo nos dias atuais e com os avanços teórico-metodológicos ocorridos ao longo desses cinquenta anos pós-reconceituação. Outros autores consideram que ele representa uma etapa do processo histórico do Serviço Social, tendo sido um momento necessário, mas que já foi superado.

Na construção deste capítulo, vamos assumir a posição de permanente estruturação de um movimento que renova continuamente as várias dimensões do Serviço Social.

Desse modo, iniciamos nossa discussão sobre o processo de renovação do Serviço Social trazendo a compreensão de Netto (1996). Sobre a **renovação**, em seu clássico *Ditadura e Serviço Social: uma análise do Serviço Social pós-64*, o autor afirma:

> o conjunto de **características novas** que, no marco das constrições da autocracia burguesa, o Serviço Social articulou, à base do rearranjo de suas tradições e da assunção do contributo de tendência, do pensamento social contemporâneo, procurando investir-se como instituição de natureza profissional dotada de legitimação prática, através de respostas a demandas sociais e da sua sistematização, e de validação teórica, mediante a remissão às teorias e disciplinas sociais. (Netto, 1996, p. 131, grifo nosso)

O processo de renovação do Serviço Social é também denominado de *processo de ruptura do Serviço Social com a tradição conservadora*, tradição esta que se apoia em métodos e teorias de base positivista e utilizam o diagnóstico, o estudo e o tratamento por meio da metodologia tradicional de caso, grupo e comunidade.

O processo de renovação do Serviço Social antecede o Movimento de Reconceituação do Serviço Social, desenvolve-se com ele e lhe dá sequência. Antecede porque, antes mesmo de o Movimento eclodir no cenário brasileiro, sobretudo representado nos Encontros de Teorização de Araxá (1967), Teresópolis (1970), Sumaré (1978) e Alto da Boa Vista (1984), já existiam fragmentos de incertezas daquela prática profissional baseada nos modelos tradicionais americano e franco-belga. Ou seja, o Movimento de Reconceituação do Serviço Social não surgiu nem ganhou relevância no meio profissional inesperadamente, ele foi construído coletivamente a partir da insatisfação com a metodologia importada, que não correspondia à realidade brasileira.

Isso significa dizer que o movimento se estruturou em um processo dialético que determinou um novo agir profissional, pelo qual as múltiplas expressões da "questão social" passaram a compor o objeto do Serviço Social (Iamamoto, 1998). Os rebatimentos para os dias atuais direcionam o "projeto profissional vinculado ao processo de construção de uma nova ordem societária, sem dominação, exploração de classe, etnia e gênero[1]", reafirmado pelo Código de Ética de 1993 (CFESS, 1993), pelas Diretrizes Curriculares de 1996 (Abpess, 1996) e pela Legislação que regulamenta o exercício profissional Lei n. 8.662, de 7 de junho de 1993 (Brasil, 1993).

Para uma melhor compreensão sobre o contexto de ruptura do Serviço Social com o conservadorismo profissional, examinaremos aqui, de maneira breve, as três direções assumidas pelo processo de renovação profissional sob a ótica de Netto (1996). Foram elas: a perspectiva modernizadora, a perspectiva de reatualização do conservadorismo e a perspectiva de intenção de ruptura.

A primeira perspectiva teve nos encontros de Araxá (1967) e Teresópolis (1970) seu ponto alto. A **perspectiva modernizadora** se apoderou da ideologia desenvolvimentista vivida na época, fundamentando-se no método estrutural-funcionalista para direcionar o Serviço Social a uma perspectiva "moderna" de sua prática profissional, colocando a profissão a serviço do progresso.

Foi nos anos de 1970 que a perspectiva modernizadora perdeu sua força, abrindo-se para a segunda perspectiva, a da **reatualização do conservadorismo**, que, por sua vez, restaurou a herança histórica e conservadora do Serviço Social. Isso trouxe uma nova roupagem às bases teórico-metodológicas, tendo como fundamento a matriz teórica da fenomenologia. Os seminários que discutiram essas práticas foram o de Sumaré (1978) e o de Alto da Boa Vista (1984).

---

[1] VIII princípio fundamental previsto no Código de Ética Profissional do Assistente Social (CFESS, 1993).

Mas a perspectiva de maior relevância para nós, neste ponto, é a da **intenção de ruptura**, que emergiu nos anos de 1970, com significativo avanço durante a década de 1980. Mesmo em um contexto de ditadura militar, houve certa ampliação nos espaços de militância política dos profissionais, o que culminou na intensificação da atuação profissional na perspectiva crítica. Esse fato aproximou o Serviço Social dos interesses da classe trabalhadora, construindo-se, assim, uma renovada identidade profissional vinculada ao pensamento marxista. Isso quer dizer que a profissão trilhava seus primeiros passos rumo a uma aproximação com a teoria social de Marx.

De acordo com Netto (1996), nessa perspectiva de intenção de ruptura, é possível apontar três momentos de grande relevância, que descrevemos na sequência.

O **primeiro momento** se refere à experiência da Escola de Serviço Social da Universidade Católica de Belo Horizonte e à construção do método BH, que vimos no Capítulo 3. Ele representou a proposta teórico-metodológica que correspondeu ao início da perspectiva da intenção de ruptura. Em 1975, o método BH sofreu várias pressões que culminaram em sua adequação a outros métodos tradicionais, porém, por conta da repercussão de produções teóricas acadêmicas, o método continuava em desenvolvimento, primando pelos aportes teóricos que lhe davam suporte. Dessa forma, intelectuais, mesmo vivendo em momentos que não eram propícios ao desenvolvimento do pensamento crítico, lançavam mão do método para vivenciar novas ideias teóricas que respondessem com maior segurança à "questão social" e representassem uma ruptura com o tradicional.

Dessa maneira, os trabalhos de conclusão de pós-graduação e outros estudos que foram elaborados entre o final dos anos de 1970 e o início dos anos de 1980 demonstravam a influência do método BH. Nesses casos, os intelectuais que eram influenciados pelo método acabavam por ampliar suas bases teóricas, buscando embasamento nos originais marxistas.

Se, no primeiro momento, as construções teóricas encontravam-se pautadas pelas edificações que faziam referência à tradição marxista, o **segundo momento** é considerado por Netto (1996) como de adoção do marxismo acadêmico. Isso fez com que intelectuais procurassem "beber na fonte" dos clássicos, ou seja, analisassem as fontes originais, nas quais encontraram respaldo para a adoção da historicidade nas suas elaborações teóricas. Esse segundo momento faz referência à consolidação da produção acadêmica, sobretudo no fortalecimento dos cursos de pós-graduação, bem como na diversificação da elaboração de trabalhos acadêmicos por parte dos assistentes sociais, no final dos anos de 1970. Para Netto (1996), foi um momento de grande relevância na perspectiva de intenção de ruptura e de apreensão da perspectiva crítica do método marxista e suas categorias de totalidade, mediação e contradição.

De fato, o espaço acadêmico foi um ambiente de destaque no posicionamento crítico por parte dos assistentes sociais da época. Foi dele a incumbência da formação profissional de novos assistentes sociais e da produção científica, que evoluiu visivelmente. Houve também uma descentralização metodológica em relação à Universidade Católica de Belo Horizonte, diante da renovação teórico-metodológica em centros universitários, por exemplo, São Paulo e Rio de Janeiro.

Somada a isso, havia a conjuntura da época, caracterizada por incansáveis lutas da sociedade brasileira, com destaque para o protagonismo de alguns assistentes sociais, que reivindicavam a instauração da democracia e a derrubada do regime ditatorial instalado em 1964. Foi nesse contexto que surgiu a revista *Serviço Social & Sociedade*, em 1979. Trata-se de um periódico que influenciou muito os caminhos trilhados pela profissão, tanto que, no editorial de comemoração dos 30 anos, afirmou-se que a revista exerceu influência até mesmo na definição da temática política que caracterizou o Congresso da Virada, realizado em São Paulo e tido como referência no desenvolvimento da profissão, como vimos no Capítulo 3.

Percebemos que a contribuição da revista ao Serviço Social é tamanha que há mais de 35 anos ela vem acompanhando as transformações pelas quais passou o Serviço Social. Direcionada para a categoria dos assistentes sociais e profissionais de áreas afins, o lançamento significou coadjuvar para a laicização[2] e a propagação da produção

---

2 *Laicização* significa a desvinculação da formação profissional do Serviço Social em relação às escolas confessionais.

científica daqueles assistentes sociais que estavam concluindo seus cursos de mestrado e doutorado. Sua contribuição para o Projeto Profissional de Ruptura do Serviço Social se deu a partir de publicações de artigos que:

> contribuem para o movimento de construção de alternativas de práticas profissionais, redimensionando as três dimensões constitutivas da profissão: dimensão acadêmica, constituída por um novo projeto de formação profissional e pelo avanço no campo da produção do conhecimento; dimensão político-organizativa dos profissionais, em articulação com a organização dos trabalhadores, e dimensão interventiva no âmbito das instituições de política social e dos movimentos sociais. (Silva, 2009, p. 629)

O que caracteriza essas práticas profissionais é o compromisso profissional com a classe trabalhadora e com os movimentos e lutas sociais. Foram essas dimensões citadas por Silva (2009) que constituíram o Projeto Profissional de Ruptura, tornando-o mais sólido e hegemônico no interior da profissão na década de 1980. Sua nomenclatura foi modificada nos anos de 1990 para *Projeto Ético-Político Profissional*, mas isso será abordado num tópico especial.

Tendo como base o levantamento realizado por Silva (2009) dos artigos publicados na revista *Serviço Social & Sociedade* no período entre 1979-1989 sobre o tema da ruptura do Serviço Social com o conservadorismo, elencamos a seguir os **eixos centrais presentes na constituição do Projeto Profissional de Ruptura do Serviço Social**, bem como as **novas exigências teórico-metodológicas** postas à profissão:

- posicionamento do Serviço Social como participante dos processos contraditórios da sociedade (luta de classes), pondo fim à neutralidade profissional que se carregava desde os tempos de profundo conservadorismo profissional;
- posicionamento do Serviço Social em defesa dos interesses das classes populares e subalternas da sociedade, com a projeção de renovados caminhos trilhados pela profissão, consequência de uma nova dimensão política da profissão;

- surgimento de uma perspectiva de transformação social como norteadora da prática profissional;
- esforço de vinculação com a vertente teórica do materialismo histórico-dialético;
- empenho em compreender o contexto socioeconômico e político da sociedade brasileira, bem como a estrutura e a dinâmica das relações sociais de produção capitalistas como elementos imprescindíveis ao entendimento da atuação profissional do assistente social;
- necessidade de superação da dicotomia entre a teoria e a prática;
- produção teórica como um dos campos de competência profissional.

Para enriquecermos a explicação sobre a vertente que impulsionou de fato o Projeto Profissional de Ruptura do Serviço Social com o tradicionalismo, apresentamos, no quadro a seguir, as principais características da intenção de ruptura.

Quadro 4.1 – Principais características da perspectiva de intenção de ruptura

Contestação ao regime ditatorial.	Crescimento diante de um cenário propício que foi o da crise da "autocracia burguesa" (Netto, 1996).
Defesa intransigente de uma nova ordem societária baseada na democracia e na justiça social.	Associação com o âmbito universitário.
Referência orientada na perspectiva de transformação da sociedade na busca da igualdade e dignidade humana.	O método BH foi de grande relevância para o acúmulo dessa perspectiva.
Vinculação do Serviço Social aos interesses da classe trabalhadora.	As reflexões de Iamamoto e Carvalho (1982) figuraram como "a primeira incorporação bem-sucedida [...] da fonte 'clássica' da tradição marxiana" (Netto, 1996, p. 276).
Adesão às bases teórico-metodológicas de fonte marxista.	Abandono da neutralidade da ação profissional.

Com a leitura do Quadro 4.1, percebemos que muitas das características citadas são resultado dos avanços que a profissão conquistou em seu processo de renovação. Contudo, apesar desses avanços, o conservadorismo não foi totalmente superado no interior da profissão, "até porque esta se constitui, se desenvolve e se materializa em relações sociais permeadas e alimentadas cotidianamente pelas determinações sociais fundadas no pensamento conservador [...]" (Boschetti, 2015, p. 642).

Ou seja, o processo de ruptura com as amarras conservadoras proporcionou a conquista por parte dos assistentes sociais de se posicionarem abertamente em suas ideologias políticas com conteúdo crítico e/ou contestador em relação à ordem burguesa.

O **terceiro momento** é marcado pelas reflexões produzidas por Marilda Villela Iamamoto e Raul de Carvalho em seu livro *Relações sociais e Serviço Social no Brasil: esboço de uma interpretação histórico-metodológica*, publicado em 1982. Eles sinalizaram a "maioridade intelectual da perspectiva de intenção de ruptura – ponto de inflexão no coroamento da consolidação acadêmica do projeto de ruptura e mediação para o seu desdobramento para além das fronteiras universitárias" (Netto, 1996, p. 275-276).

Iamamoto e Carvalho (1982) realizaram em sua obra uma análise da inserção do Serviço Social na dinâmica capitalista com base na perspectiva teórico-metodológica de fonte marxista. Isso consolidou a vertente da intenção de ruptura no plano teórico-crítico. Percebemos que, ao fazerem a análise da concepção teórica da reprodução das relações sociais, os autores colocaram em evidência a visão crítica sobre o capital como central para a compreensão dos problemas relacionados ao processo de trabalho e sua ligação com as relações sociais. Além disso, eles traçaram a história do Serviço Social, relacionando seu surgimento ao momento em que o capitalismo concorrencial perdeu espaço para o predomínio do capital monopolista.

E é por essa nova fase do capital que os autores observam que a "questão social" iria demandar uma nova postura do Estado, que atuaria de forma interventiva, adotando políticas sociais voltadas tanto para a classe trabalhadora como para o exército industrial de reserva. Ou seja:

> Face ao crescente processo de expropriação a que estão submetidos os trabalhadores no movimento de expansão do capital, **sua pauperização**

tende a aumentar em relação ao crescimento acelerado do capital. Diante dessa lei da acumulação, o Estado, em seu "papel de árbitro das relações de classe", assume tarefas cada vez mais ativas no sentido de zelar pela reprodução da força de trabalho, não só através de legislação específica – expressão muitas vezes de ganhos efetivos da classe operária – como através da prestação de serviços básicos de organismos estatais, paraestatais ou privados, regulados através de políticas sociais. (Iamamoto; Carvalho, 1982, p. 101-102, grifo do original)

Os autores analisam, ainda, a funcionalidade do exército industrial de reserva para o capital, elucidando como se dá a relação das forças produtivas na esfera de interesse do capital. Para eles,

> O que importa destacar é que o exército industrial de reserva, à medida que estabelece uma maior competição entre os próprios trabalhadores, contribui para a redução dos salários, ao fazer a oferta de mão de obra crescer em relação à demanda. Assim, as medidas assistenciais voltadas para auxiliar a reprodução dessa parcela da classe trabalhadora, alijada do mercado de trabalho, vem [sic] responder a interesses substanciais da classe capitalista, no sentido de garantir uma oferta abundante e permanente de força de trabalho a baixo custo. Não se pode esquecer que a força de trabalho em ação é a fonte de valor e propriedade do capitalista e, portanto, fonte de valor para os representantes do capital. (Iamamoto; Carvalho, 1982, p. 101-102)

Queremos esclarecer que não é nosso objetivo esgotar toda a relevância do trabalho teórico realizado por Iamamoto e Carvalho, mas dar visibilidade para alguns aspectos importantes de sua elaboração teórica. Fazemos isso por enterdermos que esse foi um símbolo mais contundente do rompimento com as metodologias que tradicionalmente eram adotadas no Serviço Social.

Tendo isso como base, podemos destacar outro aspecto importante da análise dos autores: a substância teórica que eles oferecem para ampliar o significado social da profissão e as contradições persistentes nas relações sociais contemporâneas. Nesse caso, eles pontuam que, mesmo considerando "a institucionalização e a demanda do Serviço Social pela classe capitalista, como [...] tecnologias [...] do controle social e da difusão da ideologia dominante para a classe trabalhadora" (Iamamoto; Carvalho, 1982, p. 120), elas vão sendo desconstruídas pela própria categoria profissional. Isso acontece porque, ao identificar as forças sociais no dia a dia no desenvolvimento de seu trabalho, o profissional, já pautado por uma teoria mais crítica, inicia um processo de reorientação, com vistas a desenvolver sua prática profissional. Ele estaria "a serviço dos interesses e necessidades dos segmentos majoritários da população, consolidando junto a eles novas fontes de legitimidade para o Serviço Social" (Iamamoto; Carvalho, 1982, p. 121).

Claro que essa visão político-ideológica aliada a uma prática renovada ocorreu em um momento favorável. Portanto, não podemos perder de vista a conjuntura político-econômica, pois ela está sempre subsidiando a práxis profissional. Dessa forma, o Brasil, que vivenciava um momento de abertura política, viu eclodir as manifestações populares e assistiu ao revigoramento dos movimentos sociais que se encontravam "amordaçados" nos anos da ditadura militar. Por essa conjuntura tão propícia, "a prática do Assistente Social passa a ser analisada a partir das implicações políticas do papel desse intelectual vinculado a um projeto de classe" (Iamamoto; Carvalho, 1982, p. 121).

Nessa postura renovada, exigiu-se, para além de uma ruptura com as concepções tradicionais que predominaram até a década de 1970, uma nova organização teórica que desse conta das demandas populares. Assim, a formação profissional passou a preocupar-se com

> a busca de fundamentos científicos mais sólidos que orientem a atuação, ultrapassando a mera atividade técnica. Questiona-se, inclusive, que tipo de orientação teórica-metodológica deve informar a prática e como esta pode ser repensada a serviço da produção de conhecimentos voltados para os interesses dos setores populares e de sua organização autônoma. Essa nova qualidade de preocupação com a prática profissional está dirigida ainda a resgatar, sistematizar e fortalecer o potencial inovador contido na vivência cotidiana dos trabalhadores, na criação de alternativas concretas de resistência ao processo de dominação. (Iamamoto; Carvalho, 1982, p. 121)

A elaboração dos autores, fundamentada na interpretação que faz do Serviço Social uma profissão diretamente ligada às relações sociais de produção capitalistas, a sua dinâmica e a suas contradições, acabou tendo um teor de originalidade, pois partiu da análise do processo de produção e reprodução das relações sociais. Temos, então, a percepção de pontuar e procurar entender os problemas relacionados à profissão utilizando uma visão de tecnologia social diferenciada, pela qual o profissional deve procurar alternativas às exigências institucionais que lhe são impostas.

Assim, o assistente social pode optar por responder às exigências e demandas do empregador ou apresentar novas alternativas às demandas institucionais, de forma que prevaleça o ganho popular na intervenção técnica. Dessa forma, o estudo

> situa histórica e sistematicamente as questões de teoria, método, objeto e objetivos profissionais no âmbito que lhe é precípuo: o da profissionalidade que se constrói nos espaços da divisão sociotécnica do trabalho, tensionados pelo rebatimento das lutas de classes. (Netto, 1996, p. 300-301)

Diante das argumentações aqui levantadas, é possível visualizarmos que a questão da teoria e do método, a partir do momento histórico no qual as elaborações teórico-metodológicas de Iamamoto e Carvalho foram disseminadas, fornece novas bases de argumentação. Com elas, a profissão alcançou um novo patamar, considerando-se uma visão de mundo crítico-dialética. Essa formação qualificou a profissão com apoio nas fontes teórico-metodológicas marxistas.

É nesse contexto de transição brasileira que o projeto de ruptura do Serviço Social com a tradição conservadora possibilitou uma ressignificação da profissão, pois

> a ruptura com a herança conservadora expressa-se como uma procura, uma luta por alcançar novas bases de legitimidade da ação profissional do Assistente Social, que, reconhecendo as contradições sociais presentes nas condições do exercício profissional, busca colocar-se, objetivamente, a serviço dos interesses dos usuários, isto é, dos setores dominados da sociedade. (Iamamoto, 2007, p. 37)

O processo de construção dessa luta por novas bases de legitimidade profissional ocorre pela via da organização da categoria, ressignificando-a e aprendendo-a socialmente, na complexidade das relações sociais que o assistente social estabelece em sua realidade (Konno, 2005). Essa realidade é concreta e de sujeitos concretos.

Por esse motivo, as categorias fundamentais do marxismo são importantes para a atuação do assistente social que utiliza a perspectiva da totalidade. Por exemplo, o profissional tem condições de conhecer a realidade como um complexo crítico-dialético, no qual um ou mais fatores podem vir a ser racionalmente assimilados. Konno (2005), citando Iamamoto (2007), afirma que o significado social da profissão deve ser compreendido considerando-se o caráter contraditório da prática profissional em diversos segmentos, sendo eles: as relações sociais; a reprodução dessas relações; a reprodução da própria sociedade capitalista; sua totalidade; e, inclusive, suas contradições e seus antagonismos.

Questões para reflexão (I)

1. No contexto do vínculo do Serviço Social com a tradição conservadora, qual perspectiva resultou em uma nova identidade profissional vinculada ao pensamento marxista e aos interesses da classe trabalhadora?

    Dica: lembre-se de que havia três direções assumidas pelo processo de renovação profissional.

2. Aponte quais foram os três momentos de grande relevância para a profissão de assistente social ocorridos na perspectiva de intenção de ruptura e de apreensão marxista.

    Dica: lembre-se de que foram momentos que marcaram as décadas de 1970 e 1980 para a profissão e aproximaram o Serviço Social da tradição marxista.

3. As contribuições teóricas de Marilda Villela Iamamoto e Raul de Carvalho foram importantes no alicerce da perspectiva de intenção de ruptura, pois representam um avanço para o entendimento da profissão e suas prerrogativas de atuação. Analise a contribuição dos autores.

    Dica: lembre-se de que as análises dos autores citados se pautam pela teoria marxista.

4.2 Projeto Ético-Político Profissional do Serviço Social

Gostaríamos de iniciar esta seção reforçando o que vimos anteriormente sobre o projeto de ruptura do Serviço Social com a tradição conservadora. A categoria profissional do Serviço Social esteve focada nos debates sobre essa ruptura, direcionando sua atenção à recusa e à crítica ao tradicionalismo engendrado na história do Serviço Social, até os anos 1990, quando o projeto teve sua nomenclatura alterada para **Projeto Ético-Político Profissional** e, a partir de então, conquistou a hegemonia entre os profissionais do Serviço Social.

Como todo projeto profissional é também um projeto coletivo de determinada profissão, o Projeto Ético-Político Profissional diz respeito a todos os profissionais de Serviço Social. Para Braz (2002, p. 406), "Os projetos coletivos se relacionam com as diversas particularidades que envolvem os vários interesses sociais presentes numa determinada sociedade". Isso quer dizer que os princípios fundamentais que refletem o projeto profissional de uma categoria não são independentes dos interesses que mobilizam a sociedade.

Mas, para tratarmos do Projeto Ético-Político Profissional do Serviço Social, devemos relacioná-lo a outros mais amplos, que também fazem parte de sua idealização, os denominados **projetos societários**. Segundo Netto, estes se constituem em projetos macroscópicos, de larga abrangência e com grandes proposições para a sociedade como um todo, e são os "que apresentam uma imagem de sociedade a ser construída, que reclamam determinados valores para justificá-la e que privilegiam certos meios (materiais e culturais) para concretizá-la." (Netto, 2000, p. 93).

Como vivemos em uma sociedade capitalista na qual as pessoas são divididas entre aqueles que detêm os meios de produção e aqueles que sobrevivem com sua força de trabalho, os projetos societários tornam-se projetos de classe, que refletem, por meio dos movimentos sociais, por exemplo, os interesses de alguns segmentos (identidade de gênero, etnias, faixas etárias, orientação sexual, condição física etc.). Além disso, tais projetos renovam suas demandas segundo o contexto social vivido em determinado momento histórico e social. É preciso deixar claro que, ao contrário do que vivenciamos no Brasil nos tempos de ditadura militar, quando a força coercitiva do Estado impunha valores e normas de comportamento e utilizava dispositivos de repressão a quem não os seguisse, após o processo de redemocratização, abriu-se a possibilidade de coexistência de mais de um projeto societário. Trata-se de um fenômeno próprio da democracia política. Netto (2000) chama a atenção para esse fenômeno:

> por razões de natureza econômica-social e cultural, mesmo num quadro de democracia política os projetos societários que atendem aos interesses das classes trabalhadoras e subalternas sempre dispõem de condições menos favoráveis para enfrentar os projetos das classes possuidoras e politicamente dominantes. (Netto, 2000, p. 94)

Agora vamos considerar os **projetos coletivos**. É por meio da capacidade organizativa de uma categoria que um projeto coletivo se estrutura e ganha credibilidade. No caso do Serviço Social, temos como principais entidades organizativas o Conselho Federal de Serviço Social (CFESS), o Conselho Regional de Serviço Social (Cress), a Associação Brasileira de Ensino e Pesquisa em Serviço Social (Abepss) e a Executiva Nacional de Estudantes de Serviço Social (Enesso). Assim como os projetos societários são mutáveis conforme o contexto social e político vivenciado, os projetos coletivos também o são e respondem às modificações pelas quais a profissão passa dentro do sistema de produção em que vive. Isso diz respeito "às transformações econômicas, históricas e culturais, ao desenvolvimento teórico e prático da própria profissão e, ademais, às mudanças na composição social do corpo profissional" (Netto, 2000, p. 96).

Para termos claro o significado de projetos profissionais, consideremos as palavras de Netto (2000, p. 95):

> Os projetos profissionais apresentam a autoimagem de uma profissão, elegem os valores que a legitimam socialmente, delimitam e priorizam seus objetivos e funções, formulam os requisitos (teóricos, práticos e

institucionais) para o seu exercício, prescrevem normas para o comportamento dos profissionais e estabelecem as bases das suas relações com os usuários de seus serviços, com as outras profissões e com as organizações e instituições sociais privadas e públicas (inclusive o Estado, a que cabe o reconhecimento jurídico dos estatutos profissionais).

É correto afirmar que o Projeto Ético-Político Profissional do Serviço Social conquistou sua hegemonia no interior da categoria profissional com a perspectiva da transformação social estando presente em sua constituição. Ou seja, o projeto foi alicerçado pelas bases da "construção de uma nova ordem social, sem dominação e/ou exploração de classe, etnia e gênero" (Netto, 2000, p. 104-105).

Segundo Netto (2000, p. 106), "Contribuíram para esta conquista dois elementos de ordem diversa, que a vontade político-organizativa das vanguardas profissionais soube articular numa definida direção social estratégica".

O primeiro dos elementos da vontade político-organizativa a que o autor se refere diz respeito à participação cada vez maior dos assistentes sociais nos eventos, fóruns e espaços de discussão das temáticas que envolvem a profissão. O segundo elemento, ligado à direção social estratégica, tem a ver com a vinculação do projeto coletivo do Serviço Social ao projeto societário da classe trabalhadora, sendo que as linhas fundamentais do Projeto Ético-Político Profissional do Serviço Social estão em consonância com as lutas populares.

Segundo Braz (2002, p. 409),

> A chegada entre nós dos princípios e ideias do Movimento de Reconceituação [...] somada à voga do processo de redemocratização da sociedade brasileira formaram o chão histórico para a transição para um Serviço Social renovado, através de um processo de ruptura teórica, política (inicialmente mais político-ideológica do que teórico-filosófica) com os quadrantes do tradicionalismo que imperavam entre nós. É sabido que, politicamente, este processo teve seu marco no III CBAS, em 1979, na Cidade de São Paulo [...]. Pode-se localizar aí a gênese do projeto ético-político, na segunda metade da década de 1970.

A origem do Projeto Ético-Político do Serviço Social encontra-se nos debates do Movimento de Reconceituação (1970), em sua recusa e crítica ao conservadorismo profissional. O avanço inicial contou com alguns elementos primordiais para a profissão, tais como:

- o processo de redemocratização da sociedade brasileira (1980), que diz respeito aos projetos societários, abordados no início da seção;
- as aprovações do currículo mínimo de 1982 e do Código de Ética de 1986[3], examinados no Capítulo 3, que inauguraram uma nova fase de renovação das bases teórico-metodológicas e ideopolíticas da profissão;
- o compromisso do assistente social com a classe trabalhadora.

Assim, podemos afirmar que a consolidação do Projeto Ético-Político do Serviço Social representa uma construção coletiva da categoria profissional, que integra a vanguarda da vertente de intenção de ruptura.

Agora, vejamos, conforme Braz (2002), alguns elementos constitutivos que se articulam entre si e, portanto, são indissociáveis e materializam o projeto:

- **Elemento da produção de conhecimentos no interior do Serviço Social** – É a esfera que despontou na década de 1980 e contribuiu significativamente para o crescimento das produções científicas do Serviço Social. "É a esfera de sistematização das modalidades práticas da profissão [...]" (Braz, 2002, p. 412).
- **Elemento político-organizativo da categoria** – É o espaço de primordial organização da categoria em entidades associativas e de pesquisa. É o "conjunto CFESS/Cress, a Abepss e as demais associações político-profissionais, além do movimento estudantil representado pelo conjunto de CAs e DAs[4] e pela Enesso" (Braz, 2002, p. 413).
- **Elemento jurídico-político da profissão** – "Envolve um conjunto de leis e resoluções, documentos e textos políticos consagrados no seio profissional" (Braz, 2002, p. 413-414). As Diretrizes Curriculares

---

3 Lembramos que as legislações referentes ao Código de Ética e à formação profissional foram atualizadas.
4 Centros e Diretórios Acadêmicos das escolas de Serviço Social.

de 1996, o Código de Ética de 1993 e a Lei de Regulamentação da Profissão – Lei n. 8.662/1993, são exemplos dessa perspectiva.

Entre as dimensões explicitadas, ainda temos alguns elementos importantes que compõem o projeto profissional, que são: uma identidade coletiva da profissão, os princípios que as reconhecem, sua função social, seus objetivos, seu arcabouço teórico, metodológico e interventivo, seus instrumentos normativos, sua sustentação legal etc.

Para Iamamoto (2004), o Projeto Ético-Político Profissional do Serviço Social explicita uma solidificação das três dimensões que compõem a profissão na contemporaneidade: a dimensão teórico-metodológica, a dimensão técnico-operativa e a dimensão ético-política. Lembre-se de que estamos falando do método crítico-dialético de Marx e, por isso, essas três dimensões representam uma unidade. Portanto, elas não são fragmentadas, muito pelo contrário, mantêm uma relação dialética de unidade umas com as outras. Vejamos como se caracterizam:

- **Dimensão teórico-metodológica** – Proporciona ao assistente social a possibilidade de compreensão do significado social de sua prática no cotidiano e o entendimento da dinâmica da vida social, tendo condições objetivas de analisar a realidade e as contradições inerentes ao modo de produção capitalista.
- **Dimensão técnico-operativa** – Envolve um arsenal de instrumentos e técnicas de ação que buscam atender aos objetivos propostos. Além disso, relaciona-se à capacidade do profissional, em sua prática, de utilizar essa dimensão para garantir a qualidade técnica dos serviços prestados. Para Guerra (2007), essa dimensão responde às questões: Para que fazer? Para quem fazer? Quando e onde fazer? O que fazer? Como fazer?
- **Dimensão ético-política** – Os valores éticos estão associados a essa dimensão, assim como o compromisso social da profissão. Ela implica uma visão crítica do assistente social diante das demandas advindas de sua prática profissional, permeada pelas mais diversas expressões da "questão social".

Alguns valores estão contidos no Projeto Ético-Político e estão contemplados nos princípios fundamentais do atual Código de Ética do Assistente Social, reproduzidos a seguir:

> I. Reconhecimento da liberdade como valor ético central e das demandas políticas a ela inerentes – autonomia, emancipação e plena expansão dos indivíduos sociais [liberdade esta que viabiliza a eleição entre alternativas concretas pelo usuário];
> II. Defesa intransigente dos direitos humanos e recusa do arbítrio e do autoritarismo;
> III. Ampliação e consolidação da cidadania, considerada tarefa primordial de toda sociedade, com vistas à garantia dos direitos civis sociais e políticos das classes trabalhadoras;
> IV. Defesa do aprofundamento da democracia, enquanto socialização da participação política e da riqueza socialmente produzida;
> V. Posicionamento em favor da equidade e justiça social, que assegure universalidade de acesso aos bens e serviços relativos aos programas e políticas sociais, bem como sua gestão democrática;
> VI. Empenho na eliminação de todas as formas de preconceito, incentivando o respeito à diversidade, à participação de grupos socialmente discriminados e à discussão das diferenças;
> VII. Garantia do pluralismo, através do respeito às correntes profissionais democráticas existentes e suas expressões teóricas, e compromisso com o constante aprimoramento intelectual;
> VIII. Opção por um projeto profissional vinculado ao processo de construção de uma nova ordem societária, sem dominação, exploração de classe, etnia e gênero;
> IX. Articulação com os movimentos de outras categorias profissionais que partilhem dos princípios deste Código e com a luta geral dos/as trabalhadores/as;
> X. Compromisso com a qualidade dos serviços prestados à população e com o aprimoramento intelectual, na perspectiva da competência profissional;
> XI. Exercício do Serviço Social sem ser discriminado/a, nem discriminar, por questões de inserção de classe social, gênero, etnia, religião, nacionalidade, orientação sexual, identidade de gênero, idade e condição física. (CFESS, 2012, p. 23-24)

Apresentado o processo de construção, consolidação e hegemonia do Projeto Ético-Político do Serviço Social, gostaríamos de propor um desafio para todos os profissionais dessa área na atualidade: Como reafirmar o projeto em um contexto cada vez mais desfavorável na perspectiva da garantia dos direitos sociais? Ou, ainda, como defender os princípios norteadores do projeto diante da ofensiva neoliberal? Na visão de Barroco (2015, p. 634), a supremacia desse projeto "depende do fortalecimento e do alargamento dos avanços e conquistas democráticas da categoria e da base social [...]". Assim, a orientação para a direção política da intervenção dos envolvidos com o Serviço Social vai se ligar diretamente às forças sociais que lutam pela emancipação articuladas aos trabalhadores e às lutas sociais.

Questões para reflexão (II)

1. O que representa, para a profissão de assistente social, a consolidação do Projeto Ético-Político do Serviço Social?

    Dica: lembre-se das características da perspectiva de intenção de ruptura.

2. Relacione pelo menos dois valores que permeiam o Projeto Ético-Político Profissional do Serviço Social, explicando de que forma o assistente social pode, em sua prática profissional, efetivá-los.

    Dica: lembre-se de que os valores também estão contemplados nos princípios fundamentais mencionados no atual Código de Ética do Assistente Social.

Síntese

Neste capítulo, vimos que o Serviço Social, por meio do Projeto Profissional de Ruptura com a tradição conservadora, abandonou as bases teórico-metodológicas positivistas e funcionalistas para vincular-se à tradição marxista. Ou seja, o movimento de renovação do Serviço Social estruturou-se em um processo dialético que determinou um novo agir profissional, por meio do qual as expressões da "questão social" passaram a ser entendidas como objeto de investigação e intervenção no âmbito da profissão. Vimos, ainda, que essa vinculação ocorreu em três momentos de grande relevância na perspectiva de intenção de ruptura: o método BH, a consolidação da produção acadêmica (sobretudo na intensificação das pós-graduações e produções em geral dos assistentes sociais) e as reflexões produzidas por Marilda Villela Iamamoto e Raul de Carvalho em seu livro *Relações sociais e Serviço Social no Brasil: esboço de uma interpretação histórico-metodológica*, publicado em 1982.

Também analisamos a origem, o avanço e a consolidação do Projeto Profissional de Ruptura, que teve sua nomenclatura modificada nos anos de 1990 para *Projeto Ético-Político Profissional*. Além da diferença de nome, a mudança se caracterizou pelo compromisso do Serviço Social com as classes subalternas e o esforço por romper com o conservadorismo e o tradicionalismo ainda presentes, mesmo nos dias de hoje, no exercício profissional do assistente social. Vimos que, para decifrarmos a profissão, devemos relacioná-la aos projetos mais amplos da sociedade, os denominados *projetos societários*. Examinamos, ainda, alguns elementos constitutivos que materializam o Projeto Ético-Político do Serviço Social, bem como suas dimensões constitutivas.

Por último, destacamos que o processo de construção da luta da categoria dos assistentes sociais por novas bases de legitimidade profissional ocorre pela via da organização da categoria, sob o prisma da complexidade das relações sociais que o assistente social estabelece em sua realidade.

Para saber mais

BARBOSA, M. M. Serviço Social utopia e realidade: uma visão da história. **Caderno de Serviço Social**, Belo Horizonte, v. 2, n. 2, p. 25-71, out. 1997. Disponível em: <http://www.pucminas.br/graduacao/cursos/arquivos/ARE_ARQ_REVIS_ELETR20071101163758.pdf>. Acesso em: 6 jun. 2016.

Trata-se de um estudo focalizado na Escola de Serviço Social da Universidade Católica de Minas Gerais, atual PUC Minas. O propósito do artigo é entender a crise de identificação do Serviço Social na década de 1970, destacando importantes marcos para a profissão, como o Movimento de Reconceituação e o método BH, e contextualizando-os com o período político e econômico vivido pela sociedade brasileira à época.

NETTO, J. III CBAS: algumas referências para a sua contextualização. **Serviço Social & Sociedade**: O Congresso da Virada e os 30 anos da Revista, São Paulo, n. 100, p. 650-678, out./dez. 2009.

Marcada pela relevância na história do Serviço Social brasileiro, a revista Serviço Social & Sociedade *comemorou, em 2009, seus 100 anos de existência, publicando vários artigos que trataram da temática do III Congresso Brasileiro de Assistentes Sociais (CBAS), o Congresso da Virada. O renomado autor de grandes clássicos do Serviço Social assinou um dos textos, no qual resgata os tempos de ditadura militar no país e contextualiza as tendências que fizeram parte da história do Serviço Social.*

BRAZ, M. **Notas sobre o projeto ético-político do serviço social**. In: CRESS – Conselho Regional de Serviço Social. 7ª Região. **Assistente social**: ética e direitos. Coletânea de leis e resoluções. 4. ed. Rio de Janeiro: Lidador, 2002.

A publicação é de autoria do professor Marcelo Braz Moraes dos Reis e destaca características específicas do Projeto Ético-Político Profissional do Serviço Social. O autor relata desde as origens históricas do projeto até sua consolidação nos dias de hoje.

Questões para revisão

1. (UFPR – 2011 – Copel-PR) Segundo José Paulo Netto, os projetos profissionais apresentam a autoimagem de uma profissão, elegem os valores que a legitimam socialmente, delimitam e priorizam os seus objetivos e funções e formulam requisitos para o seu exercício. Prescrevem, ainda, as normas para o comportamento dos profissionais e estabelecem parâmetros para a sua relação com os usuários dos serviços, com as outras profissões e com as organizações e instituições sociais, privadas e públicas. Para o autor, os projetos profissionais inscrevem-se no marco:
   a) da dinâmica estatal.
   b) das demandas sociais e políticas.
   c) dos projetos coletivos.
   d) dos movimentos sociais.

2. Cite e comente brevemente os três elementos constitutivos que, articulados entre si, materializam o Projeto Ético-Político do Serviço Social.

3. Descreva as três dimensões solidificadas no Projeto Ético-Político do Serviço Social e que o compõem na atualidade.

4. Assinale a alternativa que corresponde à característica da vertente cuja direção social é orientada pelo marxismo como via de rompimento com o conservadorismo:
   a) A grande relevância do método BH para o acúmulo dessa vertente.
   b) O apoio incontestável ao regime da ditadura militar.
   c) A referência orientada na perspectiva de desenvolvimento social na busca pela perfectibilidade humana.
   d) A vinculação do Serviço Social aos interesses do Estado.

5. Qual das alternativas a seguir corresponde aos elementos que contribuíram para a conquista da hegemonia do Projeto Ético-Político do Serviço Social?
   a) Princípios éticos e princípios políticos da categoria profissional.
   b) Vontade político-organizativa e direção social estratégica.
   c) Fundamentos teóricos baseados no marxismo e no estruturalismo.
   d) Ampliação das escolas de Serviço Social e publicação das produções científicas.

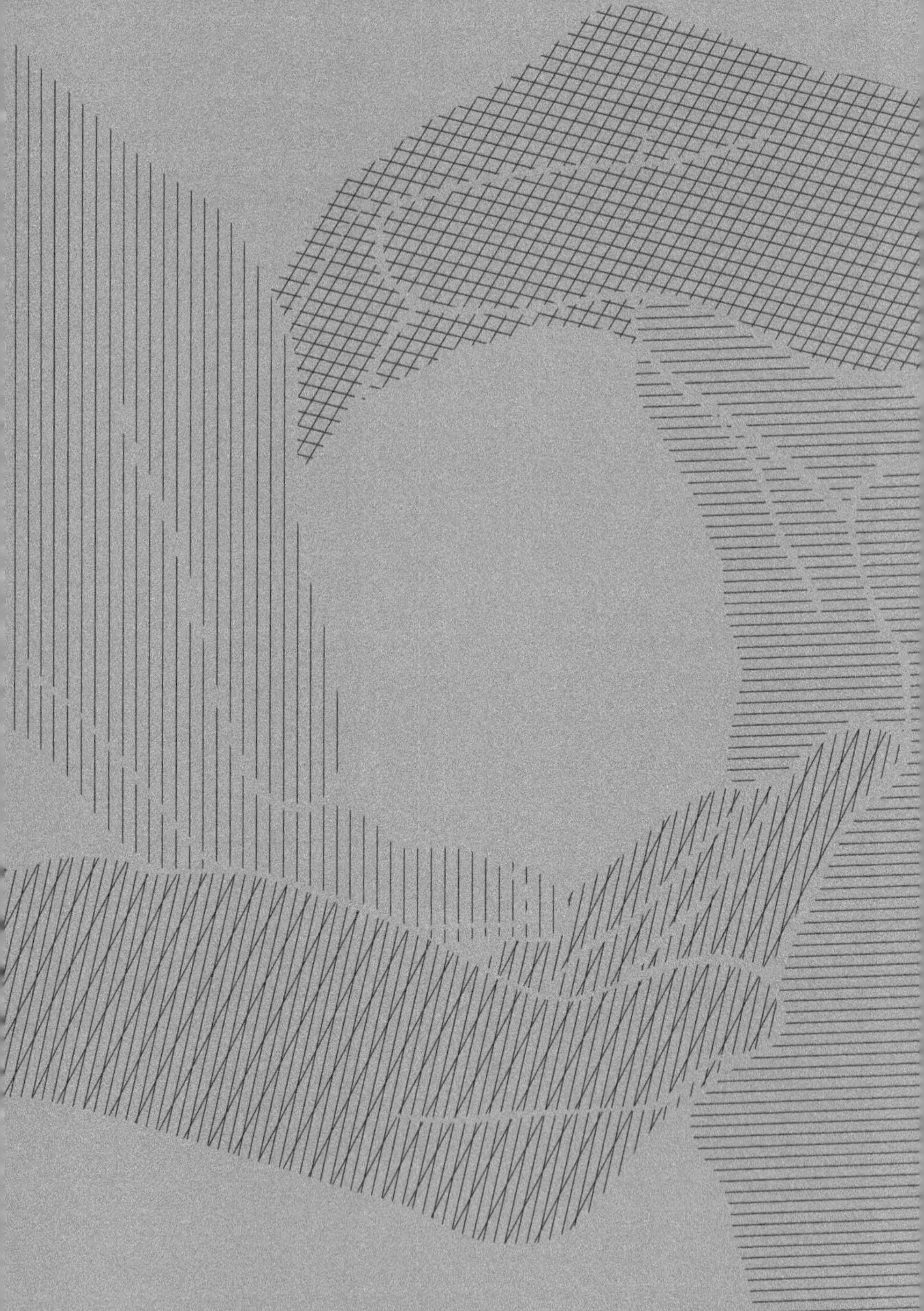

Para concluir...

Com a apresentação dos fundamentos históricos, teóricos e metodológicos contemplados neste livro, tivemos como objetivo promover a reflexão sobre as questões mais relevantes que envolveram o Serviço Social no período de 1971 a 1990. Assim, descrevemos os elementos introdutórios ao método de Marx e suas categorias fundamentais: totalidade, contradição e mediação. Destacamos que Marx apontou a totalidade como categoria determinante para alcançar a essência dos fenômenos e que, na existência de um objeto de estudo, existem dois elementos que o constituem, sendo eles a aparência e a essência. A primeira se refere ao imediato, ou seja, à percepção inicial que se tem de uma realidade concreta, e a segunda é alcançada quando se sai da aparência por meio de mediações.

Ao inserirmos a discussão de elementos fundamentais para o entendimento da exploração do trabalho pelo capital, buscamos propiciar a compreensão de que eles são inseparáveis dos fundamentos teórico-metodológicos do Serviço Social. Sob essa perspectiva, vimos que a mais-valia, a Lei da Queda Tendencial da Taxa de Lucro e a Lei Geral da Acumulação Capitalista são os principais fundamentos que explicam a "questão social", matéria-prima do trabalho do assistente social.

A contextualização do momento histórico vivenciado pela sociedade brasileira foi importante para esclarecermos alguns aspectos sociopolíticos e econômicos dos governos militares de Ernesto Geisel (1974-1979) e João Batista Figueiredo (1979-1985). Demos destaque também a acontecimentos importantes para o Brasil e para o Serviço Social, que foram o processo de redemocratização e o intenso movimento pelas "Diretas Já", que culminaram na queda da ditadura militar e no processo constituinte de 1988. Dessa forma, foi possível verificar que os ajustes neoliberais que alteraram o papel do Estado e que dominaram o mundo a partir da década de 1980 chegaram como um receituário de modernização capitalista liberal e ultraconservadora na década de 1990, com a vitória eleitoral para a presidência da República, em 1989, de Fernando Collor de Mello.

Na sequência, examinamos os aspectos teórico-metodológicos e interventivos do Serviço Social brasileiro vigentes nas décadas de 1970 e 1980, quando o método BH representou um marco para a perspectiva de intenção de ruptura com a tradição conservadora para o serviço social. As normativas que demarcaram esse período histórico foram destrinchadas. Vimos que o Código de Ética Profissional de 1975 era ainda orientado pela perspectiva de reatualização do conservadorismo. O currículo mínimo do Serviço Social de 1982 trouxe inovações ao compreender a profissão como um fenômeno histórico e preocupar-se, ainda, com a ruptura com a herança conservadora. Ele também mostrou um posicionamento objetivo a serviço dos interesses da classe trabalhadora. Por fim, o Código de Ética Profissional de 1986 trouxe inovações em suas perspectivas, como a expressão de conquistas e ganhos profissionais pela negação do tradicionalismo impetrado na profissão, o que possibilitou a conexão da categoria profissional com as demandas e lutas da classe trabalhadora.

Vimos como esses momentos de ruptura da categoria nos âmbitos da formação e do exercício profissional foram relevantes para avanços estruturais nas organizações profissionais. Até 1979, o Conselho

Federal de Assistentes Sociais (CFAS) e o Conselho Regional de Assistentes Sociais de São Paulo (Cras-SP) estavam sob a égide de uma liderança conservadora, mas, a partir do III Congresso Brasileiro de Assistentes Sociais (CBAS) – (cujo estudo nos deu condições de entender por que ele ficou conhecido como *Congresso da Virada*) –, alguns avanços foram sendo incorporados. Observamos que, no final da década de 1970, com a inserção dos assistentes sociais em movimentos de organização de sindicalismo classista, a postura militante se refletiu em um aumento expressivo de entidades representativas (sindicais e pré-sindicais) de assistentes sociais.

Destacamos que o Serviço Social, por meio do projeto profissional de ruptura com o método tradicional, vinculou-se ao marxismo em três momentos de grande relevância para a perspectiva de intenção de ruptura: o método BH, a consolidação da produção acadêmica (sobretudo na intensificação das pós-graduações e produções em geral dos assistentes sociais) e as reflexões produzidas por Marilda Villela Iamamoto e Raul de Carvalho em seu livro *Relações sociais e Serviço Social no Brasil: esboço de uma interpretação histórico-metodológica*, publicado em 1982.

Refletimos sobre a origem, o avanço e a consolidação do projeto profissional de ruptura, que teve sua nomenclatura modificada nos anos de 1990 para *Projeto Ético-Político Profissional*, que se caracteriza pelo compromisso do Serviço Social com as classes subalternas e o esforço por romper com o conservadorismo e o tradicionalismo ainda presentes, mesmo nos dias de hoje, no exercício profissional do assistente social.

Por fim, ressaltamos que o processo de construção da luta da categoria dos assistentes sociais por novas bases de legitimidade profissional ocorre pela via da organização da categoria, sob o fundamento da complexidade das relações sociais que o assistente social estabelece em sua realidade.

Esperamos que a leitura desta obra tenha propiciado ampla reflexão sobre o valor do Serviço Social e de seu rompimento com o conservadorismo. Enxergar a evolução das perspectivas adotadas na área é importante para o desenvolvimento da profissão na atualidade, possibilitando e incentivando novas abordagens de pesquisa e prática aos interessados na temática.

Também é nosso desejo que o conteúdo e as análises apresentadas aqui possam contribuir para a práxis profissional de assistentes sociais e profissionais de áreas afins, no sentido de facilitar a compreensão das relações sociais de produção capitalistas. Entendemos que a perspectiva crítico-dialética de Marx nos leva a uma compreensão ampliada das relações de exploração do trabalho pelo capital e da centralidade do trabalho na vida social. Isso é de suma importância para o Serviço Social, na medida em que pode definir os rumos de um fazer profissional em direção ao fortalecimento do Projeto Ético-Político da profissão.

Estudo de caso

Texto-base 1

Começaríamos tudo outra vez, se preciso fosse

Histórias, emoções, manifestações, reafirmação do Projeto Ético-Político do Serviço Social e fortalecimento das lutas sociais: houve espaço para tudo isso e muito mais no Seminário de Comemoração dos 30 Anos do Congresso da Virada, realizado no Centro de Convenções do Anhembi, em São Paulo, nos dias 16 e 17 de novembro de 2009, pelo CFESS, CRESS-SP, ABEPSS e ENESSO.

O cenário é exatamente o mesmo em que aconteceu aquele histórico III CBAS, há 30 anos: um Anhembi lotado e fervoroso. Até mesmo o céu de São Paulo, usualmente cinza, se abriu com o calor daquele auditório, que pela segunda vez, foi ocupado por assistentes sociais e estudantes de Serviço Social de todo o país. "Há três décadas, neste mesmo espaço, o Serviço Social brasileiro se somava às lutas dos movimentos sociais, combativos e aguerridos, que construíram e constroem cotidianamente a história de resistências às mais violentas formas de exploração e opressão do nosso país", ressaltou a presidente do CFESS, Ivanete Boschetti, durante a abertura do evento.

E estes movimentos sociais, que historicamente lutaram e ainda lutam pela classe trabalhadora, estiveram presentes no Seminário, demonstrando e reforçando o papel fundamental de sua articulação com o Serviço Social. "A sociedade do capital revela que já não consegue mais se sustentar ecológica-econômica e socialmente. Por isso, assistentes sociais e companheiros(as) de luta, é tempo de dizermos em alto e bom som: é possível mudar, é possível vencer. É necessário lutar, é possível vencer", exclamou o representante do Movimento dos Trabalhadores Sem Terra, Gilmar Mauro.

[...]

Em tempos de predomínio do desemprego e do subemprego, da regressão dos direitos, da fragmentação das políticas sociais, ocasionados pelo projeto de acumulação do capital, o Seminário ganhou uma direção maior do que a revisitação ao passado do Brasil e da profissão. "Temos aqui a oportunidade de fazer não só um balanço analítico do Serviço Social, mas de pensar no presente e no futuro do nosso projeto ético-político profissional. Ganhamos fôlego, força e 'munição' para seguirmos adiante, seja na batalha das ideias, seja na batalha das ruas, ao lado daqueles que persistem nas lutas sociais em defesa de uma sociedade sem exploração e sem opressão", destacou Elaine Behring, presidente da ABEPSS.

[...]

Subiram ao palco do Anhembi Aldaíza Sposati, Mariângela Belfiore, Luiza Erundina, Vicente Faleiros, Maria Inês Bravo, Leila Lima Santos, Maria Beatriz Abramides, Rosalina Santa Cruz, Josefa

Lopes, Regina Marconi, Márcia Pinheiro, Célia Vilarinho e Socorro Cabral. Visivelmente emocionadas(os), relataram diversos fatos que aconteceram na época: o contexto político social de 1979, a organização e a mobilização da categoria antes do III CBAS e os detalhes da grande Virada, que desmanchou a mesa oficial com representantes do governo militar e a substituiu pela mesa com representantes da classe trabalhadora.

"O que aconteceu há 30 anos não foi mérito de um só representante ou entidade. Foi fruto de uma ação política de entidades de representação dos(as) trabalhadores(as) do Serviço Social", ressaltou a assistente social Luiza Erundina, que em 1979 era docente e assistente social da prefeitura de São Paulo, lutou para reativar a Associação Profissional de Assistentes Sociais, integrou o comando geral da greve dos funcionários municipais e foi uma das protagonistas da virada que ocorreu no III CBAS.

Erundina destacou a importância do coletivo para que a Virada fosse possível, e homenageou companheiras que "fizeram o movimento" acontecer, mas que já faleceram. Ela também lembrou do clima do plenário de 1979: "havia uma efervescência, uma ebulição, que nos deu força, energia e coragem para enfrentar a Ditadura que ameaçava intervir no Congresso, nos prender e acabar com o CBAS. E não foi fácil conduzir aquele processo. E quero sentir esta efervescência aqui!". E sentiu, porque o público ovacionou-a calorosamente durante toda sua fala. Para finalizar, Erundina destacou: "Precisamos refazer os caminhos da profissão nesses 30 anos. Não basta ter um currículo acadêmico moderno, avançado, atualizado, se isso não tiver rebatimento na nossa prática profissional. E analisando avanços e retrocessos nessas três décadas, não podemos perder de vista os sonhos e utopias que nos motivaram e motivam para as nossas lutas".
[...]

Fonte: Werkema, 2009.

Texto-base 2

"A luta pela democracia, na sociedade brasileira, fazendo-se ecoar na categoria profissional, criou o quadro necessário para quebrar o quase monopólio do conservadorismo no Serviço Social: no processo da derrota da ditadura se inscreveu a primeira condição – a condição política – para a constituição de um novo projeto profissional" (Netto, 2000, p. 100).

1. Refletindo sobre o texto referente aos 30 anos do III Congresso Brasileiro de Assistentes Sociais e relacionando-o com o trecho escrito por José Paulo Netto, desenvolva uma análise sobre a importância do Congresso da Virada para o Serviço Social, bem como a inserção da categoria profissional na luta pela redemocratização do Brasil na década de 1980.

Referências

ABEPSS – Associação Brasileira de Ensino e Pesquisa em Serviço Social. **Diretrizes Gerais para o Curso de Serviço Social**. Rio de Janeiro, nov. 1996. Disponível em <http://www.abepss.org.br/uploads/textos/documento_201603311138166377210.pdf>. Acesso em: 3 ago. 2016.

ABRAMIDES, M. B. C. **O projeto ético-político profissional do serviço social brasileiro**. 426 f. Tese (Doutorado em Serviço Social) – Pontifícia Universidade Católica de São Paulo, São Paulo, 2006.

ABRAMIDES, M. B. C; CABRAL, M. S. R. O significado do papel político do III Congresso Brasileiro de Assistentes Sociais – CBAS – 1979. **Serviço Social & Sociedade**: O Congresso da Virada e os 30 anos da Revista, São Paulo, n. 100, p. 728-739, out./dez. 2009.

ALVES, G. Nova ofensiva do capital, crise do sindicalismo e as perspectivas do trabalho: o Brasil nos anos noventa. In: TEIXEIRA, F. J. S. et al. (Org.). **Neoliberalismo e reestruturação produtiva**: as novas determinações do mundo do trabalho. 2. ed. São Paulo: Cortez, 1998. p. 109-161.

ANDERSON, P. Balanço do neoliberalismo. In: SADER, E.; GENTILI, P. (Org.). **Pós-neoliberalismo**: as políticas sociais e o Estado. 5. ed. Rio de Janeiro: Paz e Terra, 1995. p. 9-23.

ANTUNES, R. **O continente do labor**. São Paulo: Boitempo, 2011.

_____. **O novo sindicalismo no Brasil**. 2. ed. Campinas: Pontes, 1995.

BARBOSA, M. M. Serviço Social utopia e realidade: uma visão da história. **Caderno de Serviço Social**, Belo Horizonte, v. 2, n. 2, p. 25-71, out. 1997. Disponível em: <http://www.pucminas.br/graduacao/cursos/arquivos/ARE_ARQ_REVIS_ELETR20071101163758.pdf>. Acesso em: 6 jun. 2016.

BARROCO, M. L. S. **Ética e serviço social**: fundamentos ontológicos. 7. ed. São Paulo: Cortez, 2008.

_____. Não passarão! Ofensiva neoconservadora e serviço social. **Serviço Social & Sociedade**, São Paulo, n. 124, p. 623-636, out./dez. 2015.

BEHRING, E. R.; BOSCHETTI, I. **Política social**: fundamentos e história. 5. ed. São Paulo: Cortez, 2008. (Biblioteca Básica de Serviço Social).

BOSCHETTI, I. Expressões do conservadorismo na formação profissional. **Serviço Social &Sociedade**, São Paulo, n. 124, p. 637-651, out/dez. 2015.

BRAGA, R. **A restauração do capital**: um estudo sobre a crise contemporânea. São Paulo: Xamã, 1996.

BRASIL. Constituição (1988). **Diário Oficial da União**, Brasília, DF, 5 out. 1988.

BRASIL. Lei n. 3.252, de 27 de agosto de 1957. **Diário oficial da União**, Poder Legislativo, Rio de Janeiro, DF, 28 ago. 1957. Disponível em: <http://www.planalto.gov.br/ccivil_03/leis/L3252.htm>. Acesso em: 6 jun. 2016.

BRASIL. Lei n. 6.683, de 28 de agosto de 1979. **Diário oficial da União**, Poder Executivo, Brasília, DF, 28 ago. 1979. Disponível em: <http://www.planalto.gov.br/ccivil_03/leis/L6683.htm>. Acesso em: 6 jun. 2016.

_____. Lei n. 8.662, de 7 de junho de 1993. **Diário oficial da União**, Poder Legislativo, Brasília, DF, 8 jun. 1993. Disponível em: <http://www.planalto.gov.br/ccivil_03/leis/L8662.htm>. Acesso em: 6 jun. 2016.

BRAVO, M. I. O significado político e profissional do Congresso da Virada para o Serviço Social brasileiro. **Serviço Social & Sociedade**: O Congresso da Virada e os 30 anos da Revista, São Paulo, n. 100, out./dez. 2009.

BRAZ, M. Notas sobre o projeto ético-político do serviço social. In: CRESS – Conselho Regional de Serviço Social. 7ª Região. **Assistente social**: ética e direitos. Coletânea de leis e resoluções. 4. ed. Rio de Janeiro: Lidador, 2002.

_____. **Partido e Revolução**: 1848-1989. São Paulo: Expressão Popular, 2011.

CARCANHOLO, R. (Org.). **Capital**: essência e aparência. São Paulo: Expressão Popular, 2011. v. 1.

CARVALHO NETO, C. T. de. **Ética profissional e o trabalho profissional do assistente social**. 154 f. Dissertação (Mestrado em Serviço Social) – Universidade Estadual Paulista, Franca, 2013.

CASTRO, M. M. de.; TOLEDO, S. N. Reforma curricular do serviço social de 1982 e sua implantação na Faculdade de Serviço Social da Universidade de Juiz de fora. **Libertas On-line**, Juiz de Fora, v. 11, n. 2, 2011. Disponível em: <http://libertas.ufjf.emnuvens.com.br/libertas/article/view/1592>. Acesso em: 6 jun. 2016.

CFAS – Conselho Federal de Assistentes Sociais. **Código de Ética Profissional do Assistente Social**. Rio de Janeiro, 30 jan. 1975. Disponível em: <http://www.cfess.org.br/arquivos/CEP_1975.pdf>. Acesso em: 6 jun. 2016.

_____. Código de Ética Profissional do Assistente Social. **Diário Oficial da União**, Brasília, 2 jun. 1986. Disponível em: <http://www.cfess.org.br/arquivos/CEP_1986.pdf>. Acesso em: 6 jun. 2016.

CFESS – Conselho Federal de Serviço Social. **Código de Ética Profissional do Assistente Social**. Brasília, 13 mar. 1993. Disponível em: <http://www.cfess.org.br/arquivos/CEP_1993.pdf>. Acesso em: 3 ago. 2016.

____. **Código de Ética do Assistente Social**: Lei 8.662/93 de regulamentação da profissão. 10. ed. rev. e atual. Brasília, 2012.

CFESS – Conselho Federal de Serviço Social; ABEPSS – Associação Brasileira de Ensino e Pesquisa em Serviço Social. (Org.). **Serviço social**: direitos sociais e competências profissionais. Brasília: CFESS; Abepss, 2009.

COUTINHO, C. N. **O estruturalismo e a miséria da razão**. 2. ed. São Paulo: Expressão Popular, 2010.

DAL ROSSO, S. **Mais trabalho!** A intensificação do labor na sociedade contemporânea. São Paulo: Boitempo, 2008.

DRAIBE, S. As políticas sociais e o neoliberalismo: reflexões suscitadas pelas experiências latino-americanas. **Revista USP**, São Paulo, n. 17, p. 86-101, 1993. Disponível em: <http://www.revistas.usp.br/revusp/article/view/25959/27690>. Acesso em: 6 jun. 2016.

ENGELS, F. **Contribuição à crítica da economia política de Karl Marx**. São Paulo: Alfa-Ômega, 1979. (Obras Escolhidas, v. 1).

FONTES, V. **O Brasil e o capital-imperialismo**: teoria e história. 2. ed. Rio de Janeiro: Ed. da UFRJ, 2010.

GRANEMANN, S. Fundos de pensão e a metamorfose do "salário em capital". In: SALVADOR, E. et. al (Org.). **Financeirização, fundo público e política social**. São Paulo: Cortez, 2012. p. 243-260.

GUERRA, Y. **A instrumentalidade do serviço social**. São Paulo: Cortez, 2007.

HARVEY, D. **O novo imperialismo**. 6. ed. São Paulo: Loyola, 2012.

HAYEK, F. A. von. **O caminho da servidão**. Tradução de Anna Maria Capovilla, José Ítalo Stelle e Liane de Morais Ribeiro. 6. ed. São Paulo: Instituto Ludwig von Mises Brasil, 2010.

IAMAMOTO, M. V. **Renovação e conservadorismo no serviço social**: ensaios críticos. 9. ed. São Paulo, Cortez, 2007.

____. **Serviço social na contemporaneidade**: trabalho e formação profissional. São Paulo: Cortez, 1998.

____. Texto base da conferência magistral. In: MOLINA, M. L. M. (Org.). SEMINÁRIO LATINO AMERICANO DE ESCUELAS DE

TRABAJO SOCIAL, 18., 2004, Costa Rica. **Anais**... San José, Costa Rica: Alaets; Espacio; Escuela de Trabajo Social, 2004. p. 17-50.

IAMAMOTO, M. V.; CARVALHO, R. de. **Relações sociais e serviço social no Brasil**: esboço de uma interpretação histórico-metodológica. São Paulo, Cortez, 1982.

IANNI, O. A construção da categoria. **Revista HISTEDBR Online**, Campinas, v. 11, n. 41e, p. 397-416, abr. 2011. Especial. Disponível em: <http://ojs.fe.unicamp.br/ged/histedbr/article/view/3294/2920>. Acesso em: 5 jul. 2016.

KONNO, C. C. A formação profissional na consolidação do projeto ético-político do serviço social. In: SEMINÁRIO NACIONAL ESTADO E POLÍTICAS SOCIAIS NO BRASIL, 2., 2005, Cascavel. **Anais**... Cascavel: Ed. da Unioeste, 2005.

KOSIK, K. **Dialética do concreto**. Rio de Janeiro: Paz e Terra, 1976.

MANDEL, E. **Tratado de economía marxista**. Traducción: Francisco Díez Del Corral. México, D. F.: Ediciones Era, 1962. Tomo I.

MARX, K. **Contribuição à crítica da economia política**. 3ª. ed. São Paulo: M. Fontes, 2003.

_____. **O capital**: crítica da economia política. 9. ed. Tradução de Reginaldo Sant'Anna. São Paulo: Difel, 1984. Livro 1. v. 1 e 2.

MARX, K.; ENGELS, F. **Cultura, arte e literatura**: textos escolhidos. São Paulo: Expressão Popular, 2010.

_____. **Ludwig Feuerbach e o fim da filosofia clássica alemã**. São Paulo: Alfa-Ômega, 1979. (Obras Escolhidas, v. 1).

MATOS, M. B. **Trabalhadores e sindicatos no Brasil**. São Paulo: Expressão Popular, 2009.

MATTOSO, J. E. Crise, transformações produtivo-tecnológicas e trabalho: panorama visto no Brasil. **Cadernos do Cesit**: texto para discussão n. 7, Campinas, n. 7, jun. 1992. Disponível em: <http://www.cesit.net.br/cesit/images/stories/07CadernosdoCESIT.pdf>. Acesso em: 6 jun. 2016.

NAKATANI, P.; OLIVEIRA, F. A. Política econômica brasileira de Collor a Lula: 1990-2007. In: MARQUES, R. M.; FERREIRA, M. R. J. (Org.). **O Brasil sob nova ordem**: a economia brasileira contemporânea, uma análise dos governos Collor a Lula. São Paulo: Saraiva, 2010. p. 21-50.

NETTO, J. P. III CBAS: algumas referências para a sua contextualização. **Serviço Social & Sociedade**: O Congresso da Virada e os 30 anos da Revista, São Paulo, n. 100, p. 650-678, out./dez. 2009.

NETTO, J. P. A construção do projeto ético-político frente à crise contemporânea. In: CAPACITAÇÃO em serviço social e política social. Brasília: Cead; Abepss; CFESS, 1999. Módulo 1: Crise contemporânea, questão social e serviço social.

_____. **Ditadura e serviço social**: uma análise do Serviço Social no Brasil pós-64. 5. ed. São Paulo: Cortez, 1996.

_____. **Introdução ao estudo do método de Marx**. São Paulo: Expressão Popular, 2011.

_____. **Pequena história da ditadura brasileira (1964-1985)**. São Paulo: Cortez, 2014.

NETTO, J.; BRAZ, M. **Economia política**: uma introdução crítica. São Paulo: Cortez, 2006. (Biblioteca Básica de Serviço Social, v. 1).

PONTES, Reinaldo. **Mediação e serviço social**: um estudo preliminar sobre a categoria teórica e sua apropriação pelo serviço social. 4 ed. São Paulo: Cortez, 2007.

ROSDOLSKI, R. **Gênese e estrutura de O capital de Karl Marx**. Rio de Janeiro: Contraponto, 2001.

SANTOS, I. O. dos. A relação entre o neotomismo e o tomismo analítico. **Ágora Filosófica**, ano 10, n. 1, p. 43-54, jan./jun. 2010. Disponível em: <http://www.unicap.br/ojs/index.php/agora/article/download/43/27>. Acesso em: 3 ago. 2016.

_____. Serviço social na América Latina: 1970-1980. **Revista em Pauta**: veículo de divulgação científica da Faculdade de Serviço Social da UERJ, Rio de Janeiro, n. 20, p. 163-179, 2007. Disponível em: <http://www.e-publicacoes.uerj.br/index.php/revistaempauta/article/viewFile/167/193>. Acesso em: 16 jun. 2016.

_____. **Textos de serviço social**. São Paulo: Cortez, 1982.

SILVA, M. O. S. Trinta anos da revista **Serviço Social & Sociedade**: contribuições para a construção e o desenvolvimento o serviço social no Brasil. **Serviço Social & Sociedade**: O Congresso da Virada e os 30 anos da Revista, São Paulo, n. 100, p. 599-649, out./dez. 2009.

SIQUEIRA NETO, J. F. Políticas sindicais e mudanças na legislação do trabalho no Brasil. **Cadernos do Cesit**: texto para discussão n. 8, Campinas, n. 8, p. 1-31, jul. 1992.

SOARES, L. T. R. **Ajuste neoliberal e desajuste social na América Latina**. Petrópolis: Vozes, 2001.

SWEZZY, P. **Teoria do desenvolvimento capitalista**: princípios de economia política capitalista. São Paulo: Nova Cultural, 1986. (Coleção Os Economistas).

WANDERLEY, M. B. **Metamorfoses do desenvolvimento de comunidade**. 2. ed. São Paulo: Cortez, 1998.

WERKEMA, R. **Começaríamos tudo outra vez, se preciso fosse**. 23 nov. 2009. Disponível em: <http://www.cfess.org.br/visualizar/noticia/cod/337>. Acesso em: 6 jun. 2016.

YAZBEK, M. C. Os fundamentos do serviço social na contemporaneidade. In: CFESS – Conselho Federal de Serviço Social; ABEPSS – Associação Brasileira de Ensino e Pesquisa em Serviço Social. (Org.). **Capacitação em serviço social e política social**: o trabalho do assistente social e as políticas sociais. Brasília, 2000. p. 21-33. Módulo 4. Apostila.

YAZBEK, M. C. (Org.). Projeto de revisão curricular da Faculdade de Serviço Social da PUC-SP. **Serviço Social & Sociedade**, São Paulo, n. 14, p. 39-73, 1984.

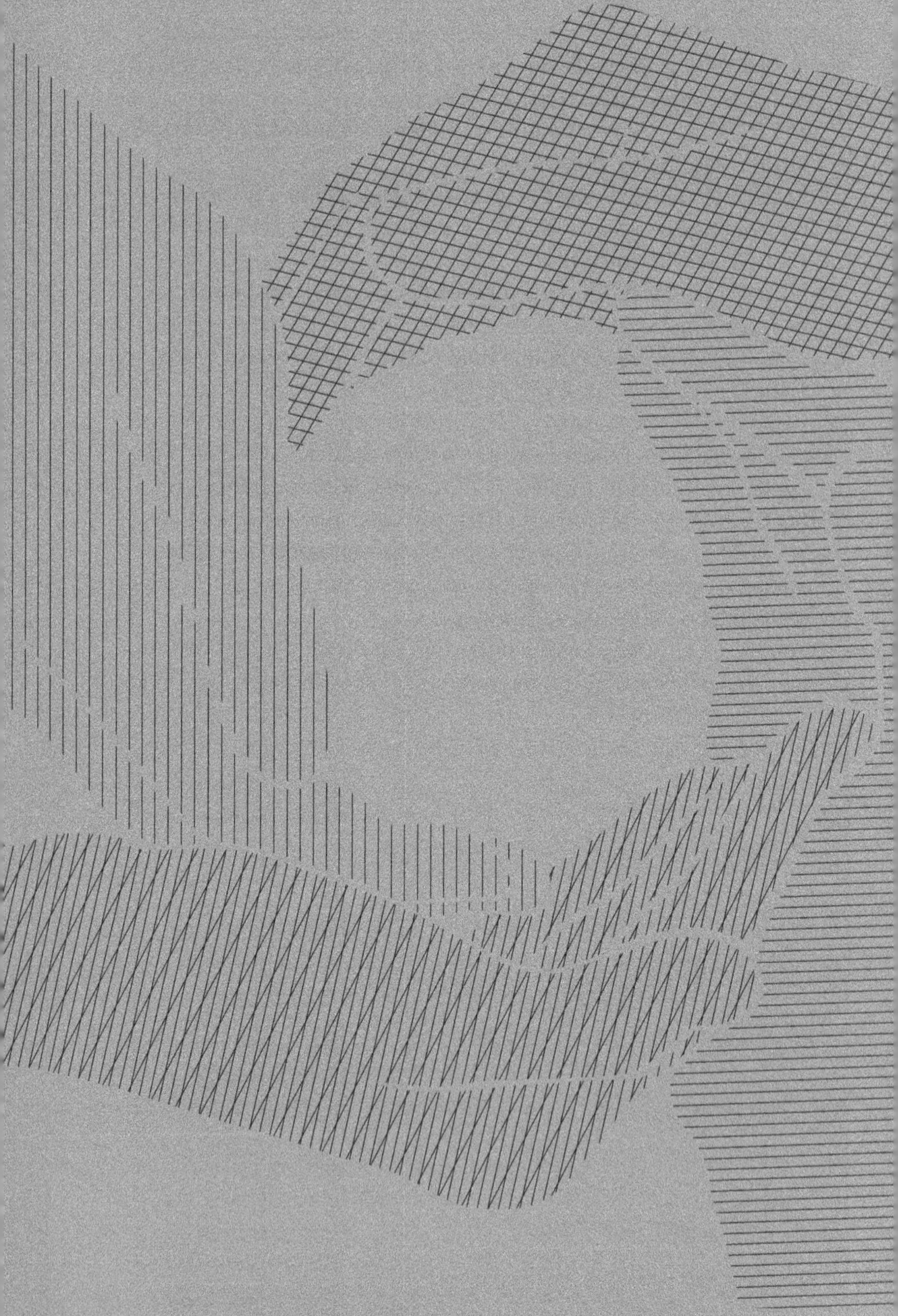

Respostas[1]

Capítulo 1

Questão para reflexão (I)

1. No método de Marx, partimos de uma dimensão concreta da realidade para alcançarmos a totalidade dos fenômenos por meio de abstrações que se colocam em forma de mediações intelectivas. Mas é preciso retornar ao concreto para conhecermos as múltiplas determinações que compõem o objeto que estamos estudando. Esse movimento de retorno ao concreto foi denominado por Marx de "viagem de volta" e por José Paulo Netto de "viagem de modo inverso".

---

[1] Todas as fontes mencionadas nesta seção também constam na lista final de referências.

Questão para reflexão (II)

1. A forma clássica de apropriação de mais-valia é denominada *mais-valia absoluta* e se refere ao prolongamento da jornada de trabalho para além "do ponto em que o trabalhador produz apenas um equivalente ao valor de sua força de trabalho e com a apropriação pelo capital desse trabalho excedente" (Marx, 1984, p. 585). Na mais-valia relativa, não ocorre o aumento da jornada de trabalho. Nela, a estratégia de exploração reside na redução do tempo de trabalho necessário, utilizando-se da maior velocidade proporcionada pelas inovações tecnológicas. Obviamente, a redução do trabalho necessário promove o aumento do tempo de trabalho excedente, o que amplia a mais-valia que será apropriada pelo capitalista.

Questão para reflexão (III)

1. A forma "básica" de circulação de mercadorias se refere à reprodução simples de mercadorias (M-D-M). A transformação de mais-valia em capital se refere à acumulação ampliada (D-M-D).

Questões para reflexão (IV)

1. A Lei da Queda Tendencial da Taxa de Lucro sempre se remete à concorrência entre os capitalistas e à luta desenfreada para ampliar seus lucros com uma margem maior do que a de seus concorrentes. Essa lei está vinculada ao fato de que as empresas maiores têm condições de cobrar um preço menor por suas mercadorias e, com isso, vendem mais e ampliam seus lucros. As menores que não conseguirem acompanhar a produtividade das empresas maiores vão perdendo espaço no mercado. Assim, existe uma tendência de nivelamento de lucros, pois as menores sempre vão em busca das tecnologias utilizadas pelas maiores de forma a equilibrar os lucros entre elas. Essa concorrência promove uma permanente tendência à queda dos lucros.

2. Trata-se de um processo que progressivamente favorece a acumulação capitalista, tendo em vista que o progresso tecnológico decorrente do investimento de capital constante aumenta a produtividade do trabalho e, consequentemente, o valor da mais-valia. Por outro lado,

esse processo diminui o valor da força de trabalho. Devemos observar que, em um processo de acumulação ininterrupto, o emprego de máquinas somente amplia a mais-valia se houver a redução do número de trabalhadores e, com isso, o capital variável progressivamente se reduz em relação ao capital-constante. Portanto, a Lei Geral da Acumulação Capitalista revela que a produção de riqueza em um lado da relação capital-trabalho promove, necessariamente, a pauperização da classe trabalhadora no outro lado.

Questões para revisão

1. c

    Comentário: Lembre-se de que Reinaldo Pontes indica que a mediação é uma das categorias centrais da dialética marxista e tem a função de "condutos de 'passagens' e 'conversões' entre as várias instâncias da totalidade" (Pontes, 2007, p. 86).

2. d

    Comentário: O exército industrial de reserva se refere a uma população excedente em relação às necessidades imediatas de acumulação capitalista. A superpopulação flutuante se refere aos trabalhadores que participam mais intensamente dos ciclos industriais e da divisão social do trabalho. A superpopulação latente se refere às relações campo-cidade, quando a população rural se vê constrangida a deixar o campo por falta de espaço ocupacional e migra para as cidades na esperança de encontrar emprego nas indústrias urbanas. A superpopulação estagnada é aquela que está em ação, mas com ocupação totalmente irregular. E o lumpemproletariado é representado pela população que se encontra em condição de pauperismo absoluto.

3. c

    Comentário: A forma clássica de apropriação de mais-valia é denominada *mais-valia absoluta* e se refere ao prolongamento da jornada de trabalho para além "do ponto em que o trabalhador produz apenas um equivalente ao valor de sua força de trabalho e com a apropriação pelo capital desse trabalho excedente" (Marx, 1984, p. 585). Na mais-valia relativa, o incremento da produção ocorre por meio da implementação de recursos tecnológicos cujo objetivo é ampliar a intensidade da produção, ou seja, produzir mais e, portanto, reduzir o custo total da produção. Ou seja, na mais-valia relativa, ocorre uma redução do trabalho necessário e a consequente ampliação do trabalho excedente, quando o capitalista consegue ampliar seus lucros.

4. A crítica, para o autor de *O capital*, não se refere a um juízo de valor pessoal ou a um simples contraponto. Na concepção de Marx, a crítica se refere ao conhecimento dos fundamentos, da raiz dos fenômenos para poder compreendê-los em sua essência.

5. A importância da fórmula que oferece o valor total da mercadoria (c + v + m) é esta no fato de permitir conhecer a taxa de lucro do capitalista. Mas lembre-se de que a taxa de lucro não se confunde com a taxa de mais-valia (em razão de ser esta uma taxa que mede a exploração capitalista).

Capítulo 2

Questões para reflexão (I)

1. A crise econômica iniciada nos anos 1974-1975, a revitalização dos partidos políticos e do movimento sindical e, também, a anistia política em 1979.

2. Siqueira Neto (1992, p. 10) explica que, com a promulgação da Constituição Federal de 1988, inaugurou-se uma nova fase do direito do trabalho brasileiro. Em 1989, tivemos a lei sobre política salarial, a lei sobre o trabalho da mulher, a nova lei de greve, a atualização de multas e de inspeção trabalhistas e a regulamentação da fixação do salário mínimo previsto na Constituição do ano anterior; em 1990, tivemos a lei que institui o regime jurídico único dos servidores públicos federais e a alteração da lei sobre o Fundo de Garantia do Tempo de Serviço (FGTS).

Questões para reflexão (II)

1. A tese de Friedrich Hayek reflete os temores diante da ascensão das teorias keynesianas, que o autor acreditava estarem enfraquecendo as forças do mercado capitalista mundial, sobretudo as inglesas e as americanas. A ideia central era que o Estado de bem-estar, ao regulamentar e intervir nas relações econômicas, adotava práticas próximas demais às do socialismo, o que, para ele, colocaria a sociedade capitalista em um caminho de servidão moderna, tendo em vista que o socialismo enfraquecia a vitalidade da concorrência.

2. A privatização, a focalização e a mercantilização.

3. Primeiramente, foi lançado o Plano Collor I, que previa as seguintes metas: troca de nome da moeda cruzado novo para cruzeiro, com a mesma equivalência entre as moedas; bloqueio do montante de depósitos em contas-correntes e cadernetas de poupança que superasse cinquenta mil cruzados novos (ou cruzeiros, consideramos a troca do nome da moeda); congelamento de preços e salários; fim de subsídios e incentivos fiscais; lançamento do Programa Nacional de Desestatização (PND); extinção de vários órgãos do governo (Nakatani; Oliveira, 2010, p. 25). Posteriormente, foi lançado o Plano Collor II, que previa: congelamento dos preços em 30 de janeiro de 1991, podendo ser reajustados por autorização do Ministério da Fazenda; congelamento dos salários até agosto de 1991 e novas regras para seu reajuste; utilização de uma tabela para deflacionar os pagamentos futuros; criação de uma tabela referencial de juros (TR) para remuneração das aplicações financeiras; extinção do Bônus do Tesouro Nacional (BTN) e do BTN Fiscal, do Maior Valor de Referência, das operações de *overnight* para aplicadores não financeiros, da correção monetária, do índice de reajuste dos valores fiscais e do índice da cesta básica; criação da Nota do Tesouro Nacional (Nakatani; Oliveira, 2010, p. 32).

Questões para revisão

1. d

Comentário: No Brasil, os partidos comunistas saíram da clandestinidade somente com o fim da ditadura militar, ou seja, a partir de 1985.

2. c

Comentário: O neoliberalismo emergiu como forma de enfrentamento da crise estrutural do capital de 1974-1975. Assim, o deslocamento dos investimentos estatais para a esfera da financeirização do capital acarretou a garantia das taxas de lucro para os capitalistas e a contenção dos gastos do Estado com políticas sociais.

3.

Comentário: Lembre-se de que a privatização tem como objetivo principal deslocar a produção de bens e serviços públicos para o setor privado como alívio para a crise do capitalismo. A focalização é explicada como o direcionamento do gasto social a programas e a públicos-alvo específicos seletivamente escolhidos por sua maior necessidade e urgência, ou seja, confronta a perspectiva de universalização das políticas sociais. Já a mercantilização representa todo e qualquer movimento realizado pelo capital para extração de mais-valia por meio de políticas públicas sociais à custa da redução de direitos sociais.

4. c

Comentário: Lembre-se de que os partidos políticos e os sindicatos participaram ativamente também no processo constituinte de 1988; a pressão dos sindicatos foi fundamental para incluir "novos direitos trabalhistas como a redução da jornada, a regulamentação do trabalho em turnos, a licença maternidade, entre outros" (Matos, 2009, p. 132)

5.

Comentário: A Legião Brasileira de Assistência (LBA) foi criada em 1942 e representa um órgão público estatal de relevância histórica para a assistência social em nosso país.

Capítulo 3

Questão para reflexão (I)

1. A experiência da Escola de Belo Horizonte, ocorrida em um contexto sociopolítico muito difícil de ditadura militar, que restringia manifestações contra a ordem vigente, obrigou os profissionais de Serviço Social a reinterpretar seus papéis, bem como sua inserção na sociedade. Os assistentes sociais, tão comprometidos com a profissão, sonhavam com um país mais justo que superasse problemas e condições de vida das classes subalternas e incentivavam a participação popular.

Questão para reflexão (II)

1. Na década de 1970, o Serviço Social já experimentara posicionamentos teóricos e práticos na construção da profissão que tendiam a romper com o conservadorismo. Porém, não podemos esquecer que, nesse período, e em momentos um pouco anteriores, a profissão foi influenciada por correntes teórico-metodológicas da fenomenologia e do estruturalismo, estudadas no momento de reatualização do conservadorismo.

Questão para reflexão (III)

1. O Congresso da Virada legitimou-se pelo movimento de ruptura da categoria profissional com a ordem vigente, o qual determinou uma mudança do projeto profissional do Serviço Social, no trabalho dos assistentes sociais e na organização política da categoria. Por isso, Abramides (2006) afirma a necessidade de compreendermos que a filiação à organização político-sindical é determinante para o entendimento do significado do que foi o Congresso da Virada na construção da direção social da profissão nos anos de 1980 e do Projeto Ético-Político Profissional do Serviço Social brasileiro. Esse projeto, que ganhou essa nova nomenclatura já nos anos de 1990, demonstrou a consolidação do processo de ruptura com o conservadorismo.

Questão para reflexão (IV)

1. É importante destacar que o currículo mínimo de 1982 se fundamentou na teoria crítica marxista e em suas categorias centrais: totalidade, contradição e mediação. Buscou, além de substituir a metodologia tradicional do Serviço Social (caso, grupo e comunidade), propiciar as condições de uma atuação profissional que contemplasse a visão da realidade, que é dinâmica e deve ser compreendida com base no movimento dialético da história, na perspectiva da totalidade.

Questão para reflexão (V)

1. O Código de Ética de 1986, somado ao novo currículo de 1982, formam a estrutura de um novo projeto que traz em sua formulação o compromisso ético-político da categoria com as camadas populares. Assim, na introdução do Código de 1986, encontramos especificado claramente o imperativo de alteração que leva em consideração a função da dinâmica social e o pompimento com a perspectiva a-histórica e acrítica.

Questões para revisão

1. a

    Comentário: As respostas falsas estão relacionadas a práticas conservadoras e mediadoras entre instituição e usuário e de desvinculação da teoria à prática, que não atendem ao novo momento de intenção de ruptura.

2. b

    Comentário: O novo Código está intimamente relacionado à teoria marxista, que respalda a teorização do Serviço Social no momento da promulgação do Código.

3. c

    Comentário: O momento vivenciado na década de 1980 foi ímpar para o reavivamento das lutas sociais, tanto na esfera trabalhista sindical, que originou o Partido dos Trabalhadores (PT), quanto nas mobilizações populares, por seus respectivos movimentos que lutavam por políticas públicas nas áreas social, de habitação, da educação e pela terra, com o importante surgimento do Movimento dos Trabalhadores Rurais Sem Terra (MST).

4. A Constituição Federal de 1988 consagrou, em sua promulgação, o tripé das políticas sociais: previdência social, saúde e assistência social. A partir de sua aprovação, outros avanços foram se somando; assim, os assistentes sociais, aliados a movimentos ligados às pautas da política social, foram propulsores da Lei Orgânica da Assistência Social, que seria aprovada em 1993.

5. Críticas: a) a forma de organização impossibilitou a participação em massa dos assistentes sociais, que, pelas condições desfavoráveis de salário, não puderam arcar com o alto custo da inscrição nem com outras despesas, como passagens, estadia e alimentação; b) a escolha das pessoas a serem homenageadas no Congresso. No rol de homenageados, constavam dirigentes da ditadura militar: o presidente da República, General João Baptista de Figueiredo, os ministros Murilo Macedo e Jair Soares, além de integrantes do governo de São Paulo – Paulo Salim Maulf, Antônio Salim Curiat e o prefeito de São Paulo, Paulo Reinaldo de Barros.

Novos rumos: a) inclusão na pauta do Congresso da discussão sobre as condições salariais e de trabalho dos assistentes sociais; b) os homenageados passaram a ser os trabalhadores que lutaram pela democracia.

Capítulo 4

Questões para reflexão (I)

1. A perspectiva da intenção de ruptura, que emergiu nos anos de 1970 e teve significativo avanço durante a década de 1980, aproximou o Serviço Social dos interesses da classe trabalhadora e construiu, assim, uma renovada identidade profissional vinculada ao pensamento marxista.

2. O primeiro momento se refere à experiência da Escola de Serviço Social da Universidade Católica de Belo Horizonte e à construção do método BH. O segundo momento se refere à consolidação da produção acadêmica, sobretudo no fortalecimento dos cursos de pós-graduação, bem como na diversificação da elaboração de trabalhos acadêmicos por parte dos assistentes sociais, por volta do final dos anos de 1970. O terceiro momento é marcado pelas reflexões produzidas por Marilda Villela Iamamoto e Raul de Carvalho em seu livro *Relações sociais e Serviço Social no Brasil: esboço de uma interpretação histórico-metodológica*, publicado em 1982, que sinalizaram a "maioridade intelectual da perspectiva de intenção de ruptura – ponto de inflexão no coroamento da consolidação acadêmica do projeto de ruptura e mediação para o seu desdobramento para além das fronteiras universitárias" (Netto, 1996, p. 275-276).

3. Iamamoto e Carvalho (1982) realizaram nessa obra uma análise da inserção do Serviço Social na dinâmica capitalista, considerando a perspectiva teórico-metodológica de fonte marxista e consolidando, assim, no plano teórico-crítico, a vertente da intenção de ruptura. Ao fazerem a análise da concepção teórica da reprodução das relações sociais, os autores colocaram em evidência a visão crítica sobre o capital como ponto central para a compreensão dos problemas relacionados ao processo de trabalho e sua ligação com as relações sociais; traçaram a história do Serviço Social, relacionando seu surgimento no momento em que o capitalismo concorrencial perdeu espaço para o predomínio do capital monopolista. Nessa nova fase do capital, os autores observaram com perspicácia que a "questão social" iria demandar uma nova postura do Estado, que atuaria de forma interventiva, adotando políticas sociais voltadas tanto para a classe trabalhadora como para o exército industrial de reserva.

Questões para reflexão (II)

1. A consolidação do Projeto Ético-Político do Serviço Social representa uma construção coletiva da categoria profissional, que integra a vanguarda da vertente de intenção de ruptura.

2. O princípio fundamental da liberdade como valor ético central está vinculado à existência de uma dinâmica societária caracterizada pelo movimento dialético de exploração do trabalho pelo capital. A efetivação na prática desse princípio fundamental está na crítica à sociedade burguesa e nas escolhas conscientes que nascem na dinâmica da realidade social. O princípio fundamental da eliminação de todas as formas de preconceito faz com que a prática do assistente social requeira o preparo para trabalhar com as questões de cidadania, no esforço da extinção de qualquer forma de discriminação, de modo a estimular grupos socialmente marginalizados a participar como cidadãos ativos nos diversos espaços sociais, debatendo inclusive questões inerentes à diversidade.

Questões para revisão

1. c

    Comentário: Um projeto profissional é um projeto coletivo pertinente a uma profissão. Os projetos coletivos estabelecem relações diversas que permeiam os vários interesses sociais presentes em uma determinada sociedade.

2. Os três elementos constitutivos são os seguintes:
    - Elemento da produção de conhecimentos no interior do Serviço Social – "É a esfera de sistematização das modalidades práticas da profissão" (Braz, 2002, p. 412).
    - Elemento político-organizativo da categoria – É o espaço de primordial organização da categoria em entidades associativas e de pesquisa.
    - Elemento jurídico-político da profissão – "Envolve um conjunto de leis e resoluções, documentos e textos políticos consagrados no seio profissional" (Braz, 2002, p. 413-414).

3. As três dimensões são as seguintes:
    - Dimensão teórico-metodológica – Proporciona ao assistente social a possibilidade de compreensão do significado social de sua prática no cotidiano, o entendimento da dinâmica da vida social, tendo condições objetivas de analisar a realidade e as contradições inerentes ao modo de produção capitalista.

- Dimensão técnico-operativa – Envolve um arsenal de instrumentos e técnicas de ação que buscam atender aos objetivos propostos; relaciona-se à capacidade do profissional, em sua prática, de utilizar a dimensão para garantir a qualidade técnica dos serviços prestados. Para Guerra (2007), a dimensão responde às questões: Para que fazer? Para quem fazer? Quando e onde fazer? O que fazer? Como fazer?
- Dimensão ético-política – Os valores éticos estão associados a essa dimensão, assim como o compromisso social da profissão; implica uma visão crítica do assistente social diante das demandas advindas de sua prática profissional, permeada pelas mais diversas expressões da "questão social".

4. a

Comentário: O método BH foi um marco importante na vertente de intenção de ruptura pois representou a proposta teórico-metodológica que correspondeu a essa perspectiva.

5. b

Comentário: Tanto a vontade político-organizativa quanto a direção social estratégica contribuíram para a conquista da hegemonia do Projeto Ético-Político do Serviço Social. A primeira se refere à grande participação e conexão dos assistentes sociais em eventos profissionais, como congressos, fóruns, encontros, reuniões ampliadas que discutiam as questões ligadas à direção profissional; a segunda representou as tendências vinculadas aos movimentos sociais, sobretudo no interior da militância profissional em voga naquele período..

Sobre as autoras

Daniele Graciane de Souza é mestre em Educação na linha de Políticas Educacionais pela Universidade Federal do Paraná (UFPR), especialista em Questão Social na Perspectiva Interdisciplinar também pela UFPR, especialista em Recursos Humanos pela União Educacional de Cascavel (Univel) e graduada em Serviço Social pela Universidade Estadual do Oeste do Paraná (Unioeste). Tem experiência na área da educação superior pública, atuando como assistente social na UFPR desde 2008, função em que trabalha com a política de assistência estudantil.

Giselle Ávila Leal de Meirelles é doutora em Serviço Social pela Universidade Federal do Rio de Janeiro (UFRJ), mestre em Sociologia Política pela Universidade Federal do Paraná (UFPR) e graduada em Serviço Social pela Pontifícia

Universidade Católica do Paraná (PUCPR). Foi assistente social da Prefeitura Municipal de Curitiba no período de 1983 a 2005 e, atualmente, é professora do curso de Serviço Social da UFPR, setor litoral, tendo participado da implantação do curso nesse setor em 2006. Participou também da implantação do curso de especialização em Questão Social pela Perspectiva Interdisciplinar, em 2008, o qual coordenou no período de 2008 a 2011.

Silvia Maria Amorim Lima é mestre em Educação na linha de Políticas Educacionais na Universidade Federal do Paraná (UFPR), especialista em Supervisão Escolar pela Universidade Candido Mendes (Ucam) e graduada em Serviço Social pela Universidade Federal do Pará (UFPA). Tem experiência na área da educação como professora, orientadora e supervisora educacional na rede privada de ensino básico dos Estados do Pará e do Maranhão. Desde 2010, trabalha com política de assistência estudantil, atuando como assistente social na UFPR. É também autora do livro *Educação escolar das relações étnico-raciais: história e cultura afro-brasileira e indígena no Brasil* (2015).

As autoras desta obra também publicaram em parceria o livro *Produção capitalista e fundamentos do Serviço Social (1951-1970)*, também pela Editora Intersaberes, em 2016.

Os papéis utilizados neste livro, certificados por instituições ambientais competentes, são recicláveis, provenientes de fontes renováveis e, portanto, um meio **responsável** e natural de informação e conhecimento.

FSC
www.fsc.org
MISTO
Papel | Apoiando
o manejo florestal
responsável
FSC® C103535

Impressão: Reproset
Agosto/2023